Das betriebliche Rechnungswesen 1

Aufgaben

Markus Speck | Andreas Wolfisberg | Bruno Röösli

Das betriebliche Rechnungswesen

Grundlagen Aufgaben

VERLAG:SKV

Markus Speck | Eidg. dipl. Experte in Rechnungslegung und Controlling, besetzte während vielen Jahren verschiedene Führungsfunktionen in einem internationalen Technologiekonzern. Heute stellt er sein Wissen und seine Erfahrung als selbstständiger Unternehmensberater und Coach zur Verfügung. Als Dozent und Trainer liegt sein Schwerpunkt auf betrieblichem Rechnungswesen, Controlling und finanzieller Unternehmensführung. Sein Anliegen für Weiterbildung wird abgerundet durch Mitarbeit in verschiedenen Fach- und Prüfungsgremien sowie als Autor von eidgenössischen Prüfungsaufgaben.

Andreas Wolfisberg | Eidg. dipl. Experte in Rechnungslegung und Controlling, ist Geschäftsführer im Family Office eines Schweizer Pionierunternehmers und Dozent für betriebliches Rechnungswesen und Konzernrechnung.

Bruno Röösli | Dipl. Experte in Rechnungswesen und Controlling, ist selbstständiger Berater und seit vielen Jahren Dozent an verschiedenen Fachschulen und Lehrgängen für Berufs- und höhere Fachprüfungen im Rechnungswesen.

9. Auflage 2018 | Markus Speck, Andreas Wolfisberg, Bruno Röösli: Das betriebliche Rechnungswesen 1

ISBN 978-3-286-32209-7

© Verlag SKV AG, Zürich
www.verlagskv.ch

Lektorat: Kirsten Rotert
Umschlagbild: pixeldreams.eu/shutterstock.com

Haben Sie Fragen, Anregungen oder Rückmeldungen?
Wir nehmen diese gerne per E-Mail an feedback@verlagskv.ch entgegen.

Vorwort

Dieser Aufgabenband ist ein integraler Bestandteil des Bundles «Das betriebliche Rechnungswesen 1».

Die vorliegende umfassende Aufgabensammlung ist mit dem Aufbau der Theorie abgestimmt. Die einzelnen Aufgaben sind mit genügend Platz für die Entwicklung von Lösungswegen gestaltet und lassen sich somit vollständig im Aufgabenbuch lösen.

Die Lösungen liegen digital im PDF-Format vor. Sie lassen sich unter www.bookshelf.verlagskv.ch nach Eingabe des Lizenzschlüssels herunterladen. Den Lizenzschlüssel finden Sie vorne im Theoriebuch. Der Seitenaufbau von Aufgaben und Lösungen ist identisch, wodurch ein guter und nachvollziehbarer Abgleich gewährleistest ist.

Die Autoren wünsche viel Spass beim Lösen der Aufgaben.

Rapperswil-Jona, Mai 2018

Markus Speck   Andreas Wolfisberg   Bruno Röösli

Inhaltsverzeichnis

1 Grundlagen des Rechnungswesens

Aufgabe **1.01** **Einsetzübung**

Das Rechnungswesen kann als .... oder auch als ....

.... verstanden werden. Im Datenverarbeitungssystem werden die beiden

Hauptbuchhaltungen .... und .... unterschieden.

Als Organisationseinheit wird das Rechnungswesen in der .... Eingliede-

rung gezeigt, welche in der .... zum Aus-

druck kommt. Die wichtigsten Aufgaben des Rechnungswesens sind:

– ....

– ....

– ....

– ....

– ....

– ....

– ....

Die Finanzbuchhaltung sortiert die Daten nach .... während die Betriebsbuchhal-

tung die Daten nach .... sortiert. Die Objekte der Betriebsbuchhaltung heissen:

....

Folgende Fragen kann die Finanzbuchhaltung nicht beantworten:

–

–

–

–

–

–

2 Aufbau der Betriebsbuchhaltung

Aufgabe **2.01 Kostenstellenplan eines Hotelbetriebs**

Entwickeln Sie den Kostenstellenplan eines Hotelbetriebs nach folgender Gruppierung:

Vorkostenstellen	Materialstellen	Fertigungsstellen (Dienstleister)	Verwaltungs-/ Vertriebsstellen

Aufgabe **2.02** **Kostenträgerplan eines Hotelbetriebs**

Gruppieren Sie die Kostenträgerrechnung eines Hotelbetriebs.

Welches ist das wesentliche Kriterium für den Aufbau der Kostenträgerrechnung?

Aufgabe **2.03 Begriffe Kostenarten, Kostenstellen, Kostenträger**

Ordnen Sie die unten stehenden Begriffe einer Kostenart, Kostenstelle oder einem Kostenträger zu. Bestimmen Sie weiter, ob es sich bei den Kostenarten um Einzelkosten/Gemeinkosten und bei den Kostenstellen um Vorkosten-/Hauptkostenstellen handelt. Beim nachstehenden Unternehmen handelt es sich um einen namhaften Schweizer Schokoladenhersteller, welcher die meisten Begriffe aus seinen Kontenplänen beisteuerte.

Text	Kostenart (Konto)	Kostenstelle (Objekt)	Kostenträger (Objekt)
	[X] Einzelkosten/ Gemeinkosten	[X] Vorkostenstellen/ Hauptkostenstellen	[X]
a) Zucker	☐	☐	☐
b) Rohmateriallager	☐	☐	☐
c) Glückskäfer	☐	☐	☐
d) Versicherungen Auto	☐	☐	☐
e) Autopark	☐	☐	☐
f) Kakaobohnen	☐	☐	☐
g) Fertigungsgebäude	☐	☐	☐
h) Füllmassenherstellung	☐	☐	☐
i) Couvertüren[1]	☐	☐	☐
k) Betriebsmaterial	☐	☐	☐
l) Auslieferungslager	☐	☐	☐
m) Wickelmaschine	☐	☐	☐
n) Schokoladentafeln	☐	☐	☐
o) Infrastruktur[2]	☐	☐	☐
p) Spedition	☐	☐	☐
q) Pralinés	☐	☐	☐
r) Energieversorgung	☐	☐	☐
s) Arbeitsvorbereitung	☐	☐	☐
t) Kakaomasse	☐	☐	☐
u) Alkohol	☐	☐	☐

[1] Schokoladenmasse
[2] Infrastruktur: Klima, Lüftung, Pressluft

Mit entsprechender Begründung sind weitere bzw. andere Zuordnungen möglich.

Aufgabe **2.04 Sachliche Abgrenzungen**

Nehmen Sie die sachlichen Abgrenzungen vor. Ausgangsbasis ist der zeitlich abgegrenzte Aufwand der Finanzbuchhaltung. Abrechnungsmonat Januar 20_1. Alle Zahlen in Tausend CHF.

Kostenart/Konto	Problemstellung	Sachliche Abgrenzungen		
		Aufwand Erlös	Abgrenzung	Kosten Erlös
Rohmaterial	In der Finanzbuchhaltung wurden stille Reserven von TCHF 30 gebildet.	2100		
Löhne	Überzeit im Januar TCHF 10. Wird nur in der Betriebsbuchhaltung berücksichtigt.	3200		
Sozialaufwand	Die Sozialkosten werden in der Betriebsbuchhaltung mit einem Kalkulationssatz von 30 % der Lohnkosten abgedeckt.	1000		
Zinsen	Die kalkulatorischen Zinsen betragen im Januar gemäss Anlagenbuchhaltung TCHF 176.	70		
Abschreibungen	Die kalkulatorischen Abschreibungskosten betragen im Januar gemäss Anlagenbuchhaltung TCHF 315.	400		
Strom	Keine Abgrenzung	140		
Verwaltungsaufwand	Im Verwaltungsaufwand sind Leistungen für eine Tochtergesellschaft über TCHF 20 enthalten.	400		
Erlösminderungen	Die Erlösminderungen werden in der Betriebsbuchhaltung kalkulatorisch mit 3 % vom Bruttoerlös (siehe unten) gerechnet.	190		
Erlös Erzeugnis A	Keine Abgrenzung	– 4700		
Erlös Erzeugnis B	Keine Abgrenzung	– 3300		

Aufgabe **2.05 Zuordnung Kostenarten**

Die Kostenartenrechnung baut auf der Aufgabe 2.04 auf (Berichtsmonat: Januar 20_1). Verteilen bzw. verbuchen Sie die Kostenarten gemäss den nachfolgenden Angaben.

| Kostenarten | | Kostenstellen | | | | Kostenträger | |
Bezeichnung	Total Kosten	Gebäude-stelle	Material-stelle	Ferti-gungs-stelle	Verwal-tungs-stelle	Erzeug-nisse A	Erzeug-nisse B
Rohmaterial	2070						
Löhne	3210						
Sozialkosten	963						
Zinsen	176						
Abschreibungen	315						
Strom	140						
Verwaltungskosten	380						
Total	7254						

Die Kostenarten werden wie folgt auf die Kostenstellen und Kostenträger verteilt:

a) Rohmaterial
Gemäss Materialbezugsschein aus Materialbuchhaltung

Erzeugnisse A	TCHF	1200
Erzeugnisse B	TCHF	870
	TCHF	**2070**

b) Löhne
Gemäss Kostenstelle auf Personalstamm aus Lohnbuchhaltung

Gebäudestelle	TCHF	40
Materialstelle	TCHF	120
Fertigungsstelle	TCHF	1860
Verwaltungsstelle	TCHF	1190
	TCHF	**3210**

c) Sozialkosten

Kalkulatorisch mit 30 % von den Lohnkosten

d) Zinsen/Abschreibungen

Gemäss Anlagenbuchhaltung, die pro Kostenstelle folgende Werte aufweist:

Kostenstelle	Anschaffungswert		Abschreibungs-dauer
Gebäudestelle	TCHF	24 000	40 Jahre
Materialstelle	TCHF	1 800	10 Jahre
Fertigungsstelle	TCHF	24 000	10 Jahre
Verwaltungsstelle	TCHF	3 000	5 Jahre
Total	TCHF	52 800	

Berechnung Zinsen: kalkulatorischer Zinssatz mit 8 % p. a. vom hälftigen Anschaffungswert

Berechnung Abschreibungen: zeitproportional zum Anschaffungswert gemäss Abschreibungsdauer

e) Strom

Schlüsselung gemäss kWh-Anschlusswerten

Gebäudebeleuchtung	20 %
Fertigung	75 %
Verwaltung	5 %

f) Verwaltungskosten

Gemäss Kreditorenbuchhaltung (Rechnungen) und Hauptbuchhaltung (Kassabelege) sind auf folgenden Kostenstellen Verwaltungskosten angefallen:

Materialstelle	TCHF	10
Fertigungsstelle	TCHF	30
Verwaltungsstelle	TCHF	340
Total	TCHF	380

Aufgabe **2.06 Umlage von Kostenstellen**

Die Kostenstellenrechnung baut auf dem Total der Aufgabe 2.05 auf. Verteilen Sie die Gebäudekosten auf die anderen Kostenstellen und die Hauptkostenstellen auf die Kostenträger gemäss den nachfolgenden Angaben.

Kostenarten	Kostenstellen				Kostenträger	
Bezeichnung	Total Kosten	Gebäude-stelle	Material-stelle	Ferti-gungs-stelle	Verwal-tungs-stelle	Erzeug-nisse A	Erzeug-nisse B
Primärkosten	7254	210	187	2833	1954	1200	870
Umlage Gebäudestelle							
Total	7254						
Umlage Materialstelle							
Umlage Fertigungsstelle							
HK Produktion							

Die Kostenstellen werden wie folgt umgelegt:

a) Gebäude
Umlage auf die Hauptkostenstellen gemäss beanspruchten m²

Materialstelle	2 000 m²
Fertigungsstelle	12 000 m²
Verwaltungsstelle	7 000 m²
Total	**21 000 m²**

b) Materialstelle
Umlage auf die zwei Erzeugnisse A und B im Verhältnis des Einzelmaterials

c) Fertigungsstelle
Umlage gemäss erfassten Personen-Std. für

Erzeugnisse A	21 000,0 Personen-Std.
Erzeugnisse B	15 912,5 Personen-Std.
Total	**36 912,5 Personen-Std.**

d) Verwaltungsstelle
Umlage im Verhältnis zu den Herstellkosten der verkauften Erzeugnisse. (Kann erst in Aufgabe 2.07 gelöst werden, wenn **die Herstellkosten der verkauften Erzeugnisse** bekannt sind.)

Aufgabe **2.07 Kostenträgerrechnung**

Ausgangslage sind die Herstellkosten der Produktion sowie die Verwaltungskosten gemäss Aufgabe 2.06. Erstellen Sie die Kostenträgerrechnung gemäss den nachfolgenden Angaben.

| Kostenarten | Kosten-stellen | Kostenträger | | | | | |
| Bezeichnung | Verwal-tungs-stelle | Unfertige Erzeugnisse | | Fertige Erzeugnisse | | Verkaufte Erzeugnisse | |
		Erzeug-nisse A	Erzeug-nisse B	Erzeug-nisse A	Erzeug-nisse B	Erzeug-nisse A	Erzeug-nisse B
Total Kosten	2024	3000	2230				
HK Fertige Erzeugnisse							
HK Verkaufte Erzeugnisse							
Umlage Verwaltungsstelle							
Selbstkosten							
Nettoerlös							
Betriebsgewinn							
Bestandesänderung							

Folgende Angaben sind zu berücksichtigen:

a) Fertige Erzeugnisse
Gemäss Lagereingangsjournal sind Erzeugnisse zu Herstellkosten fertig erstellt worden:

| Erzeugnisse A | TCHF | 3240 |
Erzeugnisse B	TCHF	2110
Total	**TCHF**	**5350**

b) Verkaufte Erzeugnisse
Gemäss Inventar werden folgende Bestandesänderungen, bewertet zu Herstellkosten, festgestellt:

| Bestandesabnahme Erzeugnisse A | TCHF | 60 |
Bestandesabnahme Erzeugnisse B	TCHF	90
Total Bestandesabnahme	**TCHF**	**150**

c) Verwaltungsstelle
Die Verwaltungsstelle wird im Verhältnis zu den Herstellkosten der verkauften Erzeugnisse umgelegt.

d) Erlösrechnung

Die Betriebsbuchhaltung rechnet mit 3 % kalkulatorischen Erlösminderungen vom Bruttoerlös:

Kostenträger	Bruttoerlös	Erlösminderungen	Nettoerlös
Erzeugnisse A	TCHF 4700	TCHF 141	TCHF 4559
Erzeugnisse B	TCHF 3300	TCHF 99	TCHF 3201
Total	TCHF 8000	TCHF 240	TCHF 7760

In die Betriebsbuchhaltung kann direkt der Nettoerlös eingesetzt werden.

Aufgabe **2.08 Kalkulationssätze**

Ermitteln Sie aufgrund der Aufgaben 2.06 und 2.07 folgende Kalkulationssätze:

Materialgemeinkosten: in Prozenten des Einzelmaterials (gemäss Aufgabe 2.06)

Fertigungsgemeinkosten: pro Personen-Std. (gemäss Aufgabe 2.06)

Verwaltungsgemeinkosten: in Prozenten der Herstellkosten der verkauften Erzeugnisse (gemäss Aufgabe 2.07)

Materialgemeinkosten   .... = _____

Fertigungsgemeinkosten   .... = _____

Verwaltungsgemeinkosten   .... = _____

19

3 Formen der Betriebsbuchhaltungsführung

3.01 Betriebsbuchhaltung mit BAB (Tao Ski Factory)

Das Unternehmen Tao Ski Factory produziert und verkauft hochwertige Skier im oberen Preissegment. Dank innovativer Technologie, Topqualität in der Herstellung und geschicktem Marketing konnte sich die Marke Tao rasch in einem anspruchsvollen Kundensegment etablieren. Im Verkaufsprogramm befinden sich die beiden Ski-Typen «Vado» (für Geniesser) und «Zeno» (für höchste Ansprüche). Im Produktionsprozess entstehen unfertige und fertige Erzeugnisse.

Das Geschäftsjahr der Tao Ski Factory dauert von 1. Oktober bis 30. September, monatlich wird ein Fibu-Abschluss erstellt und daraus eine Betriebsabrechnung zu Ist-Vollkosten generiert. Soeben wurde der Monat Oktober 20_1 abgeschlossen, und die Betriebsabrechnung ist von Ihnen zu erstellen.

Ihre Aufgaben

1. Erstellen Sie eine Betriebsabrechnung anhand der nachfolgenden Angaben.
2. Berechnen Sie die Kostensätze für die Kostenstellen «Materialstelle», «Fertigung» und «VVGK» (Verwaltungs- und Vertriebs-Gemeinkosten).

Runden: wo nicht anders verlangt auf ganze TCHF

1. Betriebsabrechnung und Erfolgsrechnungen

1.1 Primärarten-Erfassung und sachliche Abgrenzungen

– Die Fibu-Werte sind – mit Ausnahme des Einzelmaterialaufwands und der Bestandesänderungen Erzeugnisse – bereits erfasst. Einzelmaterialkosten der Bebu sind bereits vollständig verteilt.

– Im Fibu-Abschluss Oktober wurde auf dem Einzelmaterialbestand eine stille Reserve von TCHF 4 aufgelöst.

– Auf den Personalkosten besteht keine sachliche Abgrenzung.

– Bei den übrigen Betriebskosten der Fibu sind TCHF 2 für Reparaturen an der Privatwohnung des Inhabers enthalten.

– Mit den Abschreibungen der Fibu sind im Oktober stille Reserven von TCHF 5 gebildet worden.

– Die kalkulatorischen Zinsen betragen TCHF 12.

– Die Gemeinkosten der Bebu sind vorverteilt, Differenzbeträge können auf Kostenstelle VVGK belastet werden.

– Es wurden folgende Erlöse erzielt: Vado TCHF 218, Zeno TCHF 122.

1.2 Abrechnung der Kostenstellen

– Die Kostenstelle «Interne Dienste» wird nach folgendem Schlüssel umgelegt:
10 % auf Materialstelle, 60 % auf Fertigungsstelle, 30 % auf VVGK-Stelle.

– Die Materialstelle wird im Verhältnis zum Einzelmaterial abgerechnet.

– Die Fertigungsstelle wird im Verhältnis der geleisteten Stunden abgerechnet:
850 Stunden für «Vado», 450 Stunden für «Zeno».

– Die VVGK-Stelle wird im Verhältnis der Herstellkosten abgerechnet.

1.3 Abrechnung der Kostenträger

– Der Bestand an unfertigen Erzeugnissen «Vado» hat um TCHF 18 abgenommen.

– Der Bestand an unfertigen Erzeugnissen «Zeno» hat um TCHF 9 zugenommen.

– Die HK der verkauften Erzeugnisse «Vado» betragen TCHF 184.

– Die HK der verkauften Erzeugnisse «Zeno» betragen TCHF 104.

– Die Bestandesänderungen sind im BAB zu verbuchen.

– Die Fibu bewertet Bestandesänderungen an Erzeugnisen zu $^2/_3$ des betriebswirtschaftlichen Werts.

2. Berechnung von Kostensätzen

Kostensatz	Berechnung	Ergebnis
Material-Gemeinkostensatz (in Prozent auf 1 Kommastelle)		
Stundensatz Fertigungsstelle (in ganzen CHF)		
VVGK-Satz in Prozent (in Prozent auf 1 Kommastelle)		

Betriebsabrechnung Tao Ski Factory, Oktober 20_1 Werte in TCHF

| Kostenarten | Sachliche Abgrenzung | | | Kostenstellen | | | | Kostenträger | | | | | |
Text	Fibu	SA	Bebu	Interne Dienste	Material-stelle	Fertigung	VVGK	Unfertige Erz. Vado	Unfertige Erz. Zeno	Fertige Erz. Vado	Fertige Erz. Zeno	Verkaufte Erz. Vado	Verkaufte Erz. Zeno
Einzelmaterial			146					80	66				
Personalkosten	88			5	5	57							
Übr. Betriebskosten	30			1	2	18							
Abschreibungen	28			3	2	15							
Zinsen	6			1	1	8							
Subtotal				10	10	98		80	66				
Verr. Interne Dienste													
Verr. Materialstelle													
Verr. Fertigung													
HK Produktion													
HK Abgelieferte Erzeugnisse													
HK Verkaufte Erzeugnisse													
Verr. VVGK													
Bestandesänderungen Erzeugnisse													
Erlöse													
Betriebsergebnis													

Aufgabe **3.02 Betriebsbuchhaltung mit BAB (Firma Imor)**

Erstellen Sie aufgrund der nachstehenden Angaben 1.–5. den Betriebsabrechnungsbogen der Firma **Imor** am Ende der Aufgabe. Am Schluss soll eine Erfolgsrechnung der Finanzbuchhaltung nach Bestandesänderung an Erzeugnissen erstellt werden.

1. Allgemeine Angaben

– Alle Zahlen in Tausend CHF

– Zeitraum der Abrechnung Januar 20_1

– Runden Sie die Zahlen auf ganze Einheiten.

2. Abgrenzungen

Bisher gebuchter Aufwand der Finanzbuchhaltung:

Aufwandarten	Gebuchter Aufwand	Zeitliche Abgrenzung	Aufwand
Rohmaterial	1860		
Löhne	2445		
Sozialaufwand	720		
Abschreibungen	–		
Zinsen	50		
Verwaltungsaufwand	428		
Total	5503		

Die zeitlichen Abgrenzungen werden in der Finanzbuchhaltung gebucht. Der zeitlich abgegrenzte Aufwand ist auf den Betriebsabrechnungsbogen zu übertragen. Folgende Abgrenzungen sind vorzunehmen:

a) Rohmaterial

Bei der Kontrolle hat sich ein Inventarfehler herausgestellt. Das Inventar liegt um TCHF 60 tiefer als der verbuchte Wert und wird nachgebucht. Zusätzlich wurden in diesem Monat für TCHF 80 stille Reserven aufgelöst, die noch zusätzlich zu berücksichtigen sind.

b) Lohn

Im Lohn ist das Gehalt des Wohnliegenschaftsgärtners von TCHF 5 enthalten.

c) Sozialaufwand

Die Betriebsbuchhaltung rechnet mit kalkulatorischen Sozialkosten von 25 % der Löhne.

d) Abschreibungen/Zinsen

Abschreibungen
Die finanzbuchhalterischen Abschreibungen liegen 20 % höher als die betriebswirtschaftlichen Abschreibungen, die zeitproportional nach Nutzungsjahren vom Anschaffungswert gerechnet werden (siehe nachfolgende Tabelle).

Zinsen
Finanzbuchhaltung gemäss Jahresbudget von TCHF 480. Die kalkulatorischen Zinsen werden mit 5 % p. a. vom hälftigen Anschaffungswert gerechnet.

Kostenstelle	Anschaffungswert in TCHF	Nutzungsdauer in Jahren	Abschreibungen		Kalkulatorischer Zins	
			pro Jahr	pro Monat	pro Jahr	pro Monat
Gebäudestelle	15 360	40				
Materialstelle	360	10				
Fertigungsstelle	7 200	10				
Verwaltungsstelle	480	8				
Total	23 400					

e) Verwaltungsaufwand

Im Verwaltungsaufwand ist eine Monatsrechnung über TCHF 3 für die Verwaltung der Wohnliegenschaften enthalten. Diese wird noch in diesem Monat in die betriebsfremde Kontenklasse umgebucht.

3. Belastung der Primärkostenarten

– Rohmaterial gemäss Materialbezügen TCHF 1200 für Erzeugnis A, Rest Erzeugnis B
– Löhne gemäss Lohnbuchhaltung:

Einzellöhne für Erzeugnis A	TCHF	300
Einzellöhne für Erzeugnis B	TCHF	400
Gebäudestelle	TCHF	20
Materialstelle	TCHF	40
Fertigungsstelle	TCHF	400
Verwaltungsstelle Rest		

Total

– Die Sozialkosten werden auf die Kostenstellen verbucht (keine Einzelkosten) und über die Gemeinkostenzuschläge abgedeckt. Die Sozialkosten für die Einzellöhne entstehen auf der Fertigungsstelle und werden mit dem entsprechenden Anteil auch dieser Kostenstelle belastet. Dies bedeutet, dass der Fertigungsstelle die anteiligen Sozialkosten sowohl der Gemeinkostenlöhne als auch der Einzellöhne belastet werden.
– Abschreibungen und Zinsen gemäss Punkt 2 d).
– An Verwaltungskosten entfallen TCHF 10 auf die Materialstelle, der Rest wird der Verwaltungsstelle belastet.

4. Umlage der Kostenstellen

4.1 Vorkostenstelle Gebäude

Auf Materialstelle	TCHF	16
Auf Fertigungsstelle	TCHF	55
Rest Verwaltungsstelle	TCHF	
Total Entlastung	**TCHF**	

4.2 Hauptkostenstellen

Die Hauptkostenstellen werden nach dem folgenden Kalkulationsschema umgelegt:

Kalkulationspositionen	Erzeugnis A		Erzeugnis B	
Einzelmaterial (EM)	x		x	
+ Material-Gemeinkosten im Verhältnis EM	x	x	x	x
Einzellöhne (EL)	x		x	
+ Fertigungs-Gemeinkosten im Verhältnis EL	x	x	x	x
Herstellkosten der Produktion		x		x
+/− Bestandesänderung Erzeugnisse		x		x
Herstellkosten der verkauften Erzeugnisse		x		x
+ Verwaltungsstelle im Verhältnis der HK		x		x
Selbstkosten		x		x

5. Kostenträgerrechnung

5.1 Bestandesänderung

Fertig erstellte Erzeugnisse gemäss Produktionsjournal:

Erzeugnis A zu HK	TCHF	1920
Erzeugnis B zu HK	TCHF	1650

Gemäss Inventar wurden folgende Bestandesänderungen im Fertiglager festgestellt:

Erzeugnis A	Bestandeszunahme	TCHF	120
Erzeugnis B	Bestandesabnahme	TCHF	30

Die Finanzbuchhaltung bewertet die Erzeugnisbestände $1/3$ unter den Herstellkosten.

5.2 Erlösrechnung

Erlös Erzeugnis A	TCHF	3000
Erlös Erzeugnis B	TCHF	2700
Total	**TCHF**	**5700**

Betriebsabrechnungsbogen Firma Imor

Kostenarten	Sachl. Abgrenzungen			Kostenstellen				Kostenträger					
Bezeichnung	Aufwand	Sachl. Abgr.	Kosten	Gebäude	Mat.-Stelle	Fertig.-Stelle	Verw.-Stelle	Unfertige Erzeug. A	Unfertige Erzeug. B	Fertige Erzeug. A	Fertige Erzeug. B	Verkaufte Erzeug. A	Verkaufte Erzeug. B
Rohmaterial													
Löhne													
Sozialkosten													
Abschreibungen													
Zinsen													
Verwaltungskosten													
Total Primärkosten													
Umlage Gebäude													
Umlage Materialstelle													
Umlage Fertigungsstelle													
HK der Produktion													
HK Fertige Erzeugnisse													
HK Verkaufte Erzeugnisse													
Umlage Verwaltungsstelle													
Selbstkosten													
Erlös													
Gewinn/Verlust Bebu													
Bestandesänderungen Erzeugn.													
Erfolg Fibu/Bebu													

Vorzeichen: Soll = + / Haben = –

Erfolgsrechnung Januar 20_1

Rohmaterialaufwand			Erlös Erzeugnisse A
Löhne			Erlös Erzeugnisse B
Sozialaufwand			Best.-Änd. Erzeugnisse
Abschreibungen			
Zinsen			
Verwaltungsaufwand			
Gewinn			

Aufgabe 3.03 Betriebsbuchhaltung mit BAB (Wolfi AG)

- Erstellen Sie aufgrund der Abschlussbuchungen (siehe Punkt 2) die Saldobilanz nach Abschlussbuchungen gemäss Punkt 1. Die Bestandesänderungen an Erzeugnissen kann erst nach Verbuchung der Betriebsbuchhaltung erfolgen (siehe Punkt 6).
- Erstellen Sie den Betriebsabrechnungsbogen der Firma **Wolfi AG** (in Tausend CHF) am Ende der Aufgabe.
- Erstellen Sie die Bilanz und die Erfolgsrechnung.

1. Saldobilanz Finanzbuchhaltung vor Abschlussbuchungen
(Jahresabschluss per 31.12.20_1)

Konto	Vor Abschluss-buchungen		Abschluss-buchungen		Nach Abschluss-buchungen	
	Soll	Haben	Soll	Haben	Soll	Haben
Kassa	60					
Debitoren/TA	210					
Rohmaterialbestand	140					
Erzeugnisbestand	100					
Anlagevermögen	500					
Kreditoren/TP		120				
Bank		150				
Langfristiges Fremdkapital		300				
Eigenkapital		400				
Rohstoffeinkauf	470					
Personalaufwand	560					
Gemeinkostenmaterial	110					
Abschreibungen	–					
Zinsen	20					
Verwaltungsaufwand	220					
Nettoerlös A		800				
Nettoerlös B		620				
Bestandesänderung Erzeugnisse						
Total	**2390**	**2390**				

2. Abschlussbuchungen der Finanzbuchhaltung/sachliche Abgrenzungen
(alle Beträge in Tausend CHF)

a) Das betriebswirtschaftlich bewertete Rohmaterialinventar weist eine Bestandeszunahme von TCHF 30 auf, wovon für die finanzbuchhalterische Bewertung eine stille Reserve von TCHF 10 gebildet wird. Die Bestandesänderung ist in der Finanzbuchhaltung noch zu buchen.

b) Die finanzbuchhalterischen Abschreibungen werden mit TCHF 50 festgelegt. Die betriebsbuchhalterischen Abschreibungen betragen gemäss Anlagenbuchhaltung TCHF 40.

c) Noch nicht gebuchte Bankbelastung für Kontokorrentzinsen per 31.12. TCHF 5. Die kalkulatorischen Zinsen betragen TCHF 30.

d) Das festgestellte Kassamanko von TCHF 2 hat ergeben, dass Verkaufsspesen nicht verbucht wurden.

3. Umlage der Kostenarten

a) Rohstoff für Erzeugnis A   TCHF   280
    Rest für Erzeugnis B   TCHF   ....

b) Die Gemeinkosten werden wie folgt den Kostenstellen angelastet:

Kostenarten		Kostenstellen			
Bezeichnung	Total Kostenarten	Gebäudestelle	Materialstelle	Fertigungsstelle	Verwaltungsstelle (Rest)
Personalkosten		5	10	380	
GK-Material		10	–	100	
Abschreibungen		8	5	20	
Zinsen		7	5	14	
Verwaltungskosten		–	10	6	
Total		30	30	520	

4. Umlage der Kostenstellen

a) Gebäudestelle   10 % auf Materialstelle
                      50 % auf Fertigungsstelle
                      40 % auf Verwaltungsstelle

b) Materialstelle   Im Verhältnis zum Einzelmaterial verteilen.

c) Fertigungsstelle   5 700 Std. für Erzeugnis A
                      5 000 Std. für Erzeugnis B
                     10 700 Std. Total

d) Verwaltungsstelle   Im Verhältnis der Herstellkosten der verkauften Erzeugnisse verteilen.

5. Kostenträgerrechnung

a) Fertig erstellte Erzeugnisse

Gemäss Nachkalkulation sind folgende Erzeugnisse zu Herstellkosten fertig erstellt worden:

Erzeugnis A TCHF 610

Erzeugnis B TCHF 410

b) Verkaufte Erzeugnisse

Erzeugnis A Herstellkosten der verkauften Erzeugnisse TCHF 570

Erzeugnis B Im Fertigerzeugnislager wird eine Bestandesabnahme von TCHF 20 festgestellt

6. Bewertung

Die Finanzbuchhaltung bewertet die Erzeugnisse 25 % unter den Herstellkosten.

Bilanz 31.12.20_1				Erfolgsrechnung 20_1		
Kassa		Kreditoren/TP		Rohstoffeinkauf		Nettoerlös A
Debitoren/TA		Bank		Personalaufw.		Nettoerlös B
Rohmat.-Best.		Langfr. FK		GK-Material		BÄ Erzeugnisse
Erzeugnisbest.		Eigenkapital		Abschreibungen		
Anlageverm.				Zinsen		
				Verw.-Aufw.		
		Gewinn		**Gewinn**		

Betriebsabrechnungsbogen Wolfi AG

Kostenarten	Sachl. Abgrenzung			Kostenstellen				Kostenträger					
Text	Auf-wand	Sachl. Abgr.	Kosten	Gebäude-stelle	Mat.-Stelle	Fertig.-Stelle	Verw.-Stelle	Unfertige Erzeugn. A	Unfertige Erzeugn. B	Fertige Erzeugn. A	Fertige Erzeugn. B	Verkaufte Erzeugn. A	Verkaufte Erzeugn. B
Rohmaterial													
Personalkosten													
Gemeinkostenmaterial													
Abschreibungen													
Zinsen													
Verwaltungskosten													
Total Primärkosten													
Umlage Gebäude													
Umlage Materialstelle													
Umlage Fertigungsstelle													
HK der Produktion													
HK Fertige Erzeugnisse													
HK Verkaufte Erzeugnisse													
Umlage Verwaltungsstelle													
Selbstkosten													
Erlös													
Gewinn/Verlust Bebu													
Bestandesänderungen Erzeug.													
Erfolg Fibu/Bebu													

Vorzeichen: Soll = + / Haben = −

3.04 Kontierung in einem integrierten System

Ausgangslage

Das Unternehmen **Tödi AG** führt die Finanz- und Betriebsbuchhaltung in einem integrierten System. Kontieren Sie die Geschäftsfälle gemäss Punkt 3 im Buchungsjournal Tödi AG am Ende der Aufgabe. Basis sind die nachfolgenden Kontenpläne der Finanz- und Betriebsbuchhaltung:

Kontenpläne der Finanz- und Betriebsbuchhaltung

Primärartenplan
Kontenplan Finanzbuchhaltung

Art	Text
	Bilanzkonten
1000	Diverse Aktiven
2000	Diverse Passiven
	Erfolgskonten
3000	Erlös
3900	Best.-Änderung Erzeugn.
4000	Einzelmaterial
5000	Löhne
5700	Sozialaufwand
6100	Betriebsmaterial
6500	Verwaltungsaufwand
6600	Marketingspesen
6700	Div. Aufwand
6800	Abschreibungen
6900	Zinsen

Objektplan Betriebsbuchhaltung

Objekt	Text	S-Art*
	Kostenstellen	
101	Gebäudestelle	9101
201	Materialstelle	9201
301	Fertigungsstelle	9301
401	Verwaltungsstelle	9401
	Kostenträger	
601	Unfertige Erzeugnisse	9601
701	Fertige Erzeugnisse	9701
801	Verkaufte Erzeugnisse	9801
910	SA Sozialkosten	9910
	Sachl. Abgrenzungen	
900	SA Abschreibungen	9900
901	SA Zinsen	9901
	Kalk. Kostenarten	
8000	Kalk. Abschreibungen	
8010	Kalk. Zinsen	
8020	Kalk. Sozialkosten	

* S-Art = Sekundärkostenart

Geschäftsfälle

1. Lohnsystem

Bruttolohn:			
	Gebäudestelle	CHF	12000.–
	Materialstelle	CHF	6000.–
	Fertigungsstelle	CHF	29000.–
	Verwaltungsstelle	CHF	15000.–
	Total	CHF	62000.–
– Arbeitnehmerbeitrag Sozialwerke		CHF	– 8000.–
Auszahlung		CHF	54000.–
Arbeitgeberbeitrag Sozialwerke		CHF	9000.–

2. Kreditorensystem

a) Reisespesen

Rechnung Reisebüro Kuoni für Arrangement Marketingleiter Besuch Kunde in Japan CHF 4200.–

b) Betriebsmaterial

Rechnung Einkauf von Betriebsmaterial für		
Unterhalt Gebäude	CHF	250.–
Fertigungsstelle	CHF	400.–
Total	**CHF**	**650.–**

c) Fachliteratur

Rechnung Verlag SKV für bezogene Fachbücher

Das betriebliche Rechnungswesen	CHF	98.–
Wie produziere ich ohne Ausschuss?	CHF	86.–
Gebäudemanagement	CHF	84.–
Total	**CHF**	**268.–**

3. Hauptbuch

a) Zinsen

Bankbelastung Zinsen	CHF	8000.–

b) Verkaufsspesen Marketingleiter

Essen im Restaurant Frohberg	CHF	140.–

4. Debitorensystem

Verkaufsumsatz	CHF	80000.–

5. Kalk. Zinsen

Gebäudestelle	CHF	6000.–
Materialstelle	CHF	1000.–
Fertigungsstelle	CHF	4000.–
Verwaltungsstelle	CHF	1000.–
Total	**CHF**	**12000.–**

Buchungsjournal Tödi AG

Transaktion		Soll		Haben		Betrag
Nr.	Buchungstext	Art (Konto)	Objekt	Art (Konto)	Objekt	

3.05 Verbuchung in einem integrierten System

1. Ausgangslage

Das Unternehmen **Rigi AG** führt die Finanz- und Betriebsbuchhaltung in einem integrierten System. Die Primärdaten werden synchron für die beiden Buchhaltungen gemäss den nachfolgenden Kontenplänen erfasst. Die Bilanzkonten werden nicht dargestellt, jedoch sind die für die Abschlussbuchungen relevanten Bilanzkonten im Kontenplan aufgeführt.

Kontenpläne der Finanz- und Betriebsbuchhaltung

Kontenplan Finanzbuchhaltung

Art	Text
	Bilanzkonten
120	Erzeugnisbestand
150	Anlagen
	Erfolgskonten
301	Erlös A
302	Erlös B
309	Best.-Änd. Erzeugnisse
401	Einzelmaterial
501	Personalaufwand
601	Abschreibungen
602	Zinsen
603	Div. Aufwand

Primärarten Betriebsbuchhaltung	
801	Kalk. Abschreibungen
802	Kalk. Zinsen

Objektplan Betriebsbuchhaltung

Objekt	Text	S-Art*
	Kostenstellen	
11	Gebäudestelle	911
21	Materialstelle	921
31	Fertigungsstelle	931
41	Verwaltungsstelle	941
	Kostenträger	
51	Unfertige Erzeugnisse A	951
52	Unfertige Erzeugnisse B	952
61	Fertige Erzeugnisse A	961
62	Fertige Erzeugnisse B	962
71	Verkaufte Erzeugnisse A	971
72	Verkaufte Erzeugnisse B	972
	Sachl. Abgrenzungen	
91	SA Abschr./Zinsen	991
93	SA Erzeugnisse	993

* S-Art = Sekundärkostenart

2. Aufgabenstellung

a) Verbuchen Sie die Primärdaten gemäss Punkt 3.1 auf der Vorlage Finanzbuchhaltung und der Vorlage Betriebsbuchhaltung. In der Finanzbuchhaltung kann das Total pro Primärart (siehe letzte Kolonne) gebucht werden.

b) Verbuchen Sie die kalk. Kostenarten in der Betriebsbuchhaltung gemäss Punkt 3.2.

c) Verbuchen Sie auf der Vorlage Betriebsbuchhaltung die Betriebsbuchhaltung gemäss Punkt 5.

d) Erstellen Sie auf der Vorlage Finanzbuchhaltung den Abschlussbeleg gemäss Punkt 4 und verbuchen Sie die Buchungstatbestände in der Finanz- und Betriebsbuchhaltung. Die relevanten Bilanzkonten ersehen Sie aus dem Kontenplan.

e) Erstellen Sie auf der Vorlage Finanzbuchhaltung die Erfolgsrechnung der Finanzbuchhaltung sowie die Abstimmung (Überleitung) zwischen Finanzbuchhaltung und Betriebsbuchhaltung.

3. Journal der erfassten Primärdaten

Die zusammengefassten Buchungen der Primärdaten zeigen folgendes Bild der Erfolgsrechnungskonten:

3.1 Buchungen Primärarten Finanzbuchhaltung

Konto	Text	Objekt	Buchungen TCHF		Total p/Art TCHF
			Soll	Haben	
301	Erlös A	71		300	300
302	Erlös B	72		460	460
401	Einzelmaterial	51	90		
		52	120		210
501	Personalaufwand	11	18		
		21	22		
		31	128		
		41	86		254
601	Abschreibungen	91	0		
602	Zinsen	91	32		32
603	Diverser Aufwand	11	17		
		21	8		
		31	102		
		41	65		192

3 Formen der Betriebsbuchhaltungsführung

3.2 Buchungen kalk. Kostenarten
(Primärart nur für Betriebsbuchhaltung)

Konto	Text	Objekt	Buchungen		Total p/Art
			Soll	Haben	
801	Kalk. Abschreib.	91			72
		11	12		
		21	4		
		31	48		
		41	8		
802	Kalk. Zinsen	91			44
		11	13		
		21	7		
		31	20		
		41	4		

4. Abschlussbuchungen

Der Buchungsbeleg für die nachfolgenden Abschlussbuchungen ist auf der Vorlage Finanzbuchhaltung zu erstellen (relevante Bilanzkonten siehe Kontenplan).

a) Die Finanzbuchhaltung bildet TCHF 14 stille Reserven auf den Anlagen (höhere finanzbuchhalterische Abschreibungen).

b) Die Finanzbuchhaltung bewertet die Bestände an Erzeugnissen ⅓ unter den Herstellkosten. Die Buchung kann in einem Betrag erfolgen, d.h. Gesamttotal der Bestandesänderungen gemäss Punkt 5.5.

5. Verbuchung der Betriebsbuchhaltung (Sekundärkostenarten)

5.1 Umlage Kostenstelle 11 Gebäude (Sekundärkostenart 911)

Umlage gemäss m²-Schlüssel.

Kst.	Text	m²
21	Materialstelle	150
31	Fertigungsstelle	320
41	Verwaltungsstelle	130
	Total	600

5.2 Umlage Kostenstelle 21 Materialstelle (Sekundärkostenart 921)

Umlage im Verhältnis des Einzelmaterials auf «Unfertige Erzeugnisse».

5.3 Umlage Kostenstelle 31 Fertigungsstelle (Sekundärkostenart 931)

Umlage gemäss gemeldeten Personenstunden des Betriebs.

Für Erzeugnis A	2000 Std.
Für Erzeugnis B	3000 Std.
Total	5000 Std.

5.4 Umlage Kostenstelle 41 Verwaltungsstelle (Sekundärkostenart 941)

Umlage im Verhältnis zu den Herstellkosten der verkauften Erzeugnisse.

5.5 Kostenträgerumlagen

Gemäss Meldung des Betriebs wurden folgende Bestandesänderungen festgestellt (+ = Zunahme):

Text	Erzeugnis A	Erzeugnis B	Total
Unfertige Erzeugnisse	+ 6	+ 12	+ 18
Fertige Erzeugnisse	+ 30	+ 18	+ 48
Total	+ 36	+ 30	+ 66

Die aus der Betriebsbuchhaltung hervorgehenden Bestandesänderungen werden auf das entsprechende sachliche Abgrenzungsobjekt übertragen (abgegrenzt). Die Bestandesänderung nach finanzbuchhalterischen Grundsätzen erfolgt gemäss Punkt 4b.

Vorlage Finanzbuchhaltung

Finanzbuchhaltung

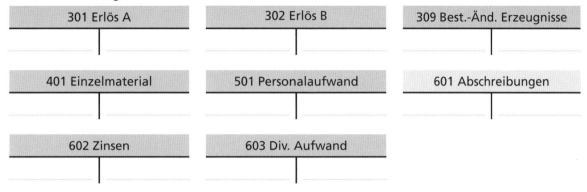

Abschlussbeleg

Konto	Text	Objekt	Buchungen	
			Soll	Haben

Erfolgsrechnung der Finanzbuchhaltung		
Einzelmaterial		Erlös A
Personalaufw.		Erlös B
Abschreibungen		BÄ Erzeugn.
Zinsen		
Div. Aufwand		
Gewinn		

Überleitung Bebu/Fibu	
Text	TCHF
Gewinn Erzeugnisse A	
Gewinn Erzeugnisse B	
Total Gewinn	
91 SA Abschr./Zi	
93 SA Erzeugnisse	
Gewinn Fibu	

Vorlage Betriebsbuchhaltung

11 Gebäudestelle (S-Art 911)					
Kto.	Text	TCHF	TCHF	Text	Kto.

21 Materialstelle (S-Art 921)					
Kto.	Text	TCHF	TCHF	Text	Kto.

31 Fertigungsstelle (S-Art 931)					
Kto.	Text	TCHF	TCHF	Text	Kto.

41 Verwaltungsstelle (S-Art 941)					
Kto.	Text	TCHF	TCHF	Text	Kto.

51 Unfertige Erzeugnisse A (S-Art 951)					
Kto.	Text	TCHF	TCHF	Text	Kto.

52 Unfertige Erzeugnisse B (S-Art 952)					
Kto.	Text	TCHF	TCHF	Text	Kto.

61 Fertige Erzeugnisse A (S-Art 961)					
Kto.	Text	TCHF	TCHF	Text	Kto.

62 Fertige Erzeugnisse B (S-Art 962)					
Kto.	Text	TCHF	TCHF	Text	Kto.

71 Verkaufte Erzeugnisse A (S-Art 971)					
Kto.	Text	TCHF	TCHF	Text	Kto.

72 Verkaufte Erzeugnisse B (S-Art 972)					
Kto.	Text	TCHF	TCHF	Text	Kto.

91 SA Abschreibungen/Zinsen (S-Art 991)					
Kto.	Text	TCHF	TCHF	Text	Kto.

93 SA Erzeugnisse (S-Art 993)					
Kto.	Text	TCHF	TCHF	Text	Kto.

3.06 Betriebsbuchhaltung in Kontenform (Zweifel AG)

1. Ausgangslage

Das Unternehmen **Zweifel AG** ist ein Produktionsbetrieb, welcher die beiden Erzeugnislinien Chips und Nuts herstellt und vertreibt. Zeitlich befinden wir uns im Monat Februar 20_1, und es muss der Januarabschluss erstellt werden. Das Unternehmen setzt dazu eine integrierte Software ein, welche die Daten synchron sowohl für die Belange der Finanzbuchhaltung als auch der Betriebsbuchhaltung verarbeitet. Die Buchhaltungen sind gemäss Vorlage Finanzbuchhaltung und Vorlage Betriebsbuchhaltung bis auf die Abschlussbuchungen gemäss Punkt 3.1 nachgebucht. Die Kontenpläne gehen aus der Kontennummerierung gemäss den beiden Vorlagen hervor.

Formales

– Die Buchhaltungen sind nur in ganzen Einheiten zu führen (kaufm. Rundungsregel).
– Alle Zahlen in TCHF (Tausend CHF), ausser den Kalkulationssätzen.

Kalkulatorische Kostenarten (nur für Kostenrechnungskreis)

91 Kalk. Zinsen
92 Kalk. Abschreibungen
93 Kalk. Sozialkosten
94 Kalk. Erlösminderungen

Sekundärarten

Die Sekundärarten sind auf den betrieblichen Objekten in Klammern gesetzt (S-Arten).

Inventar

Bestandesänderungen gemäss Inventur (betriebswirtschaftliche Bewertung):

Bestandesgruppe	Bestand 31.12.20_0	Bestand 31.1.20_1	Bestandesänderungen
Rohmaterial Nüsse	90	81	– 9
Erzeugnisse Chips	33	27	– 6
Erzeugnisse Nuts	48	66	+ 18

2. Aufgabe

– Erstellen Sie für die Erfassung der Primärarten (siehe Punkt 3.1) das Buchungsjournal auf der Vorlage Finanzbuchhaltung.
– Verbuchen Sie die Primärarten gemäss dem Buchungsjournal auf der Vorlage Finanzbuchhaltung und der Vorlage Betriebsbuchhaltung.
– Verbuchen Sie die kalkulatorischen Kostenarten gemäss Punkt 3.2 in der Betriebsbuchhaltung.
– Verbuchen Sie die Betriebsbuchhaltung (Sekundärkostenarten) gemäss Punkt 4.
– Erstellen Sie die Bilanz und Erfolgsrechnung.
– Weisen Sie die Differenz zwischen dem Betriebsgewinn der Betriebsbuchhaltung und der Finanzbuchhaltung rechnerisch nach.

3. Erfassung der Abschlussbuchungen Januar 20_1

3.1 Primärarten

Erstellen Sie gemäss den nachfolgenden Buchungstatbeständen auf der Vorlage Finanzbuchhaltung die Buchungssätze (nur Kontonummern eintragen) und verbuchen Sie diese in der Finanz- und Betriebsbuchhaltung.

a) Abschreibungen

Die finanzwirtschaftlichen Abschreibungen betragen TCHF 5 pro Monat.

b) Rohmaterial

Bewirtschaftet werden nur die Nüsse für den Kostenträger «Nuts» (die Kartoffeln werden nicht bewirtschaftet und beim Einkauf direkt auf den Kostenträger verbucht).

Die Rohmaterialbestände und -aufwände sind aufgrund der Materialwirtschaft (Materialein- und -ausgänge zu betriebswirtschaftlichen Werten) bereits gebucht. Zu berücksichtigen ist noch, dass für den finanzwirtschaftlichen Abschluss die Bestände ⅓ unter dem Einstandswert bewertet werden (Bestandesänderung gemäss Inventar Punkt 1).

c) Fertige Erzeugnisse

Die Bestandesänderungen an fertigen Erzeugnissen werden aufgrund des Inventars (siehe Punkt 1) festgestellt. Im Buchungskreis der Finanzbuchhaltung werden die Bestandesänderungen nur zu ⅔ des Herstellkostenwerts gebucht (in Finanzbuchhaltung in einer Buchung erfassen).

3.2 Kalkulatorische Kostenarten

a) Kalk. Sozialkosten

Der Sozialaufwand wird in der Betriebsbuchhaltung abgegrenzt und im Kostenrechnungskreis kalkulatorisch (Kontonummer siehe Punkt 1) mit 20 % der Lohnkosten gerechnet (siehe entsprechendes Feld auf dem Konto).

b) Kalk. Abschreibungen und Zinsen

Aufgrund der Anlagenbuchhaltung sowie diverser Bestände für die Zinsermittlung sind folgende kalkulatorische Kosten berechnet worden:

Kostenstelle	Text	91 Kalkulatorische Zinsen	92 Kalkulatorische Abschreibungen
101	Gebäudestelle	1	2
201	Materialstelle		1
301	Fertigungsstelle	2	3
401	Verwaltungsstelle	1	2
	Total	4	8

3.3 Kalkulatorische Erlösminderungen

Die Erlösminderungen werden in der Betriebsbuchhaltung abgegrenzt und mit 1 % kalkulatorische Erlösminderungen vom Bruttoerlös kalkulatorisch den einzelnen Kostenträgern zugerechnet.

4. Betriebsbuchhaltung

4.1 Kostenstellenrechnung

a) Umlagen der Vorkostenstelle

Gebäude gemäss m²

– Liegenschaften[1]	100 m²
– Materialstelle	600 m²
– Fertigungsstelle	3700 m²
– Verwaltungsstelle	1300 m²
Total	5700 m²

[1] Büro für den Wohnliegenschaftenverwalter

b) Umlage der Hauptkostenstellen

– Materialstelle	Verteilung im Verhältnis des Rohmaterials

– Fertigungsstelle

Für Chips	3000 Std.
Für Nuts	1700 Std.
Total	4700 Std.

– Verwaltungsstelle   Verteilung im Verhältnis der Herstellkosten der verkauften Erzeugnisse.

4.2 Kostenträgerrechnung

Abrechnung gemäss Inventar (siehe Punkt 1). Die Bestandesänderungen werden auf das Abgrenzungsobjekt übertragen und dort mit der Buchung der Finanzbuchhaltung abgeglichen (siehe Punkt 3.1c).

Vorlage Finanzbuchhaltung

Buchungsjournal Zweifel AG

Transaktion		Soll		Haben		Betrag
Nr.	Buchungstext	Konto (Art)	Objekt	Konto (Art)	Objekt	
a)	Abschreibungen					
b)	Rohmaterial					
c)	Erzeugnisse					

10 Flüssige Mittel		12 Forderungen		13 Rohmaterialbestand	
Total	24	Total	131	Total	51

14 Erzeugnisbestand		18 Anlagen		20 Fremdkapital	
Total	54	Total	420	442	Total

21 Eigenkapital		40 Materialaufwand Kartoffeln		42 Materialaufwand Nuts	
150	Total	Total	126	Total	96

50 Löhne		53 Sozialaufwand		63 Abschreibungen	
Total	210	Total	44		

64 Zinsen		68 Diverse Primärarten		38 Erlösminderungen	
Total	3	Total	300	Total	7

30 Erlös Chips		32 Erlös Nuts		39 Bestandesänd. Erzeugnisse	
520	Total	354	Total		

Bilanz 31.1.20_1		
10 Fl. Mittel		20 Fremdkap.
12 Forderung.		21 Eigenkap.
13 Rohm.-Best.		
14 Erz.-Best.		
18 Anlagen		
		Gewinn

Erfolgsrechnung Januar 20_1		
40 Mat. Kartoff.		30 Erlös Chips
42 Mat. Nuts		32 Erlös Nuts
50 Löhne		38 Erlösmind.
53 Sozialaufw.		39 BÄ Erzeugn.
63 Abschreib.		
64 Zinsen		
68 Diverse		
Gewinn		

Vorlage Betriebsbuchhaltung

Kontoführung Betriebsbuchhaltung

901 SA Abschreibungen/ Zins (S-901)

64 Zins	3	91 Kalk. Z	
63 Abschr.		92 Kalk. A	
Saldo		Saldo	

902 SA Erlösminderungen/ Sozialaufwand (S-902)

38 Erl.-M.	7	93 K. Soz.	
53 Soz. A	44	94 Erl.-M.	
Saldo		Saldo	

903 SA Rohmaterial/ Erzeugnisse (S-903)

		42 Rohm.	
		39 BÄ	
S-602 BÄ		S-601 BÄ	
		Saldo	
Saldo			

904 SA Liegenschaften (S-904)

50 Löhne	10		
93 K. Soz.			
68 Div.	6		
S-101 Geb.			
Saldo		Saldo	

101 Gebäudestelle (S-101)

50 Löhne	20	S-101	
93 K. Soz.			
68 Div.	30		
91 Kalk. Z			
92 Kalk. A			

201 Materialstelle (S-201)

50 Löhne	15	S-201	
93 K. Soz.			
68 Div	8		
92 Kalk. A			
S-101 Geb.			

301 Fertigungsstelle (S-301)

50 Löhne	120	S-301	
93 K. Soz.			
68 Div.	190		
91 Kalk. Z			
92 Kalk. A			
S-101 Geb.			

401 Verwaltungsstelle (S-401)

50 Löhne	45	S-401	
93 K. Soz.			
68 Div.	66		
91 Kalk. Z			
92 Kalk. A			
S-101 Geb.			

601 Fertige Erz. Chips (S-601)

40 Rohm.	126	S-601	
S-201 M			
S-301 F			
S-601 BÄ			

602 Fertige Erz. Nuts (S-602)

42 Rohm.	96	S-602	
S-201 M.			
S-301 F.		S-602 BÄ	

701 Verk. Erz. Chips (S-701)

94 Erl.-M.		520	30 Erlös
S-601 FF			
S-401 Ve			
Gewinn			

702 Verk. Erz. Nuts (S-702)

94 Erl.-M.		354	32 Erlös
S-602 FF			
S-401 Ve			
Gewinn			

Erfolgsnachweis Finanz-/Betriebsbuchhaltung

Konto	Text	TCHF
701/702	Gewinn Chips/Nuts	
901	SA Abschreibungen/Zinsen	
902	SA Erlösminderungen/Sozialaufwand	
903	SA Rohmaterial/Erzeugnisse	
904	SA Liegenschaften	
	Betriebsgewinn Finanzbuchhaltung	

Aufgabe **3.07 Integrierte Führung in Kontenform (Arte AG)**

1. Ausgangslage und Aufgabenstellung

Das Unternehmen **Arte AG** führt das Rechnungswesen in einem integrierten System, d. h., die Primärartenerfassung wird sowohl für den Finanz- als auch den Betriebsbuchhaltungskreis synchron erfasst. Die Bestände der Eröffnungsbilanz des Unternehmens sind auf der Lösungsvorlage Arte AG am Aufgabenende eingetragen (siehe AB = Anfangsbestand). Zu verbuchen und abzuschliessen ist der Monat Dezember 20_1. Alle Zahlen in TCHF. Gehen Sie für die Lösung wie folgt vor:

- Verbuchen Sie die Primärdaten gemäss Punkt 2 auf der Lösungsvorlage.
- Verbuchen Sie die Kostenrechnung gemäss Punkt 3 auf der Lösungsvorlage. Beachten Sie: Auf den Objekten sind die Sekundärkostenarten als S-Art aufgeführt (gespeichert), welche für die entsprechenden Umlagen beim empfangenden Objekt aufzuführen sind. Die sachlichen Abgrenzungen werden auf dem Objekt 90 verbucht.

2. Primärdatenerfassung

Bilanzkonten (Veränderungen)

Kto	Text	Soll	Haben
100	Div. Akt	170	
130	Rohmat.		15
135	Erzeugn.		
200	Fremdk.		101
210	Eigenk.		
	Gewinn		54
		170	170

Erfolgskonten[1]

Kto	Text	Objekt	Soll	Haben
300	Erlös A	70		270
301	Erlös B	71		220
400	Rohmat.	60	60	
400	Rohmat.	61	45	
500	Div. Aufw.	10	14	
500	Div. Aufw.	20	208	
500	Div. Aufw.	30	100	
500	Div. Aufw.	90	9	
	Gewinn		54	
			490	490

[1] In der Finanzbuchhaltung kann die Artenrechnung zusammengefasst werden.

3. Kostenrechnung

3.1 Umlage der Kostenstellen

- Materialstelle   Umlage im Verhältnis auf die entsprechenden Kostenträger
- Fertigungsstelle   Umlage gemäss den gemeldeten Stunden

Für Erzeugnisse A	2500 Std.
Für Erzeugnisse B	1500 Std.
Total	4000 Std.

- Verwaltungsstelle   Umlage im Verhältnis der Herstellkosten der verkauften Erzeugnisse.

3.2 Kostenträgerrechnung

Es werden folgende Bestandesänderungen an unfertigen Erzeugnissen, bewertet zu Herstellkosten, gemeldet:

Unfert. Erzeugn. A	Bestandeszunahme	TCHF	18
Unfert. Erzeugn. B	Bestandeszunahme	TCHF	9
	Total Bestandeszunahme	**TCHF**	**27**

Die Bestandesänderung wird auf das Objekt 91 «Sachliche Abgrenzungen» übertragen und mit der Bestandesänderung der Finanzbuchhaltung abgeglichen (siehe Punkt 4).

4. Abschlussbuchungen

Die Finanzbuchhaltung bewertet die Bestände generell zu $2/3$ des betriebswitschaftlichen Wertes. Deshalb müssen noch folgendende Buchungen vorgenommen werden:

– Rohmaterialbestand
  Gemäss der Materialbuchhaltung hat der Bestand um TCHF 15 abgenommen. Die Dezemberbuchung auf das Konto 130 «erfolgte zu betriebswirtschaftlichen Werten. Die entsprechende Korrektur ist zu buchen.

– Erzeugnisbestand
  Die Bestandesänderungen an Erzeugnissen geht aus Punkt 3.2 sowie aus der Buchung auf das Objekt 91 «Sachliche Abgrenzung Erzeugnisse» hervor. Die finanzbuchhalterische Bestandesänderung ist zu buchen.

5. Auswertungen

– Erstellen Sie die Bilanz und die Erfolgsrechnung der Finanzbuchhaltung.
– Leiten Sie vom Ergebnis der Betriebsbuchhaltung zum Ergebnis der Finanzbuchhaltung über.

Lösungsvorlage Arte AG

Finanzbuchhaltung		Betriebsbuchhaltung	
Bilanzkonten	**Erfolgskonten**	**Kostenstellen/SA**	**Kostenträger**
100 Diverse Aktiven	400 Rohm.-Aufw.	10 Mat.-Stelle S-10	60 Unfert. Erz. A S-60
AB 220			
130 Rohm.-Best.	500 Div. Aufwand	20 Fert.-Stelle S-20	61 Unfert. Erz. B S-61
AB 110			

135 Erz.-Best.	
AB 60	

300 Erlös A	

30 Verw.-Stelle S-30	
	100 S-30

70 Verk. Erz. A S-70	

200 Fremdkapital	
	190 AB

301 Erlös B	

90 SA Diverse S-90	

71 Verk. Erz. B S-71	

210 Eigenkapital	
	200 AB

380 BÄ Erzeugnisse	

91 SA Erzeugn. S-91	

Bilanz 31. 12. 20_1	
Diverse Aktiven	Fremdkapital
Rohmat.-Best.	Eigenkapital
Erzeugn.-Best.	**Gewinn**

Erfolgsrechnung Dezember 20_1	
Rohmat.-Aufw.	Erlös A
Div. Aufwand	Erlös B
Gewinn	BÄ Erzeugnisse

Erfolgsnachweis

Sachliche Abgrenzungen		
Total Gewinn Erzeugnisse A und B	TCHF	
90 Sachliche Abgrenzung Diverse	TCHF	
91 Sachliche Abgrenzung Erzeugnisse	TCHF	
Gewinn gemäss Finanzbuchhaltung	TCHF	

Aufgabe **3.08 Integrierte Führung in Kontenform (Zellelektro AG)**

1. Einleitung

Die Firma **Zellelektro AG** verkauft Neuanlagen und Dienstleistungen für Elektro, Licht und Kommunikation in gewerblichen und Wohnbauten. In den vergangenen drei Jahren ist das Unternehmen durch Übernahme einiger kleiner Elektroinstallationsfirmen stark expandiert. Dadurch ging die Übersichtlichkeit eines Kleinbetriebs verloren. Die Finanzbuchhaltung erweist sich für die Führung der Firma als nicht mehr hinreichend, da insbesondere die Ergebnisqualität nicht den Erwartungen entspricht und die Ursachen dafür nicht klar sind. Die Geschäftsleitung hat sich entschieden, ein integriertes betriebliches Rechnungswesen einzuführen. Als erster Schritt sollen die Ist-Daten des vergangenen Geschäftsjahres in der Struktur des neu definierten betrieblichen Rechnungswesens abgebildet werden. Sie finden folgende Informationen:

- Erfolgsrechnung der Finanzbuchhaltung (siehe Punkt 3)
- Objekte der Betriebsbuchhaltung (Sachliche Abgrenzungen, Kostenstellen, Kostenträger) auf der Lösungsvorlage Zellelektro AG am Aufgabenende.

Hinweis: Die Herstellung von Neuanlagen wird via Kostenträger «Neuanlagen in Arbeit» abgerechnet, Herstellungsleistungen in «Service» können direkt auf den entsprechenden Kostenträger gebucht werden.

2. Aufgabenstellung

Referenzieren Sie die einzelnen Buchungen auf den Konten mit den entsprechenden Punkten gemäss Aufgabenstellung.

- Verrechnen Sie die Werte der Finanzbuchhaltung gemäss Punkt 3 in die Objekte (Konten) der Betriebsabrechnung anhand der Hinweise gemäss Punkt 4 a–c.
- Verbuchen Sie die kalkulatorischen Kostenarten in die Objekte der Betriebsabrechnung gemäss Punkt 4 c/d.
- Verrechnen Sie die jeweiligen Werte der Vor- und Hauptkostenstellen gem. Punkt 4 e–j.
- Schliessen Sie die Kostenträger sinngemäss ab und weisen Sie die betrieblichen Ergebnisse aus.
- Erstellen Sie die Überleitung zwischen dem betrieblichen Ergebnis und dem Ergebnis der Finanzbuchhaltung auf der Lösungsvorlage unten rechts.

3. Ausgangslage

Ausgangslage bildet die abgeschlossene Erfolgsrechnung der Finanzbuchhaltung.

\multicolumn{6}{c}{**Erfolgsrechnung Zellelektro AG – Geschäftsjahr 20_1**}

Konto	Text	TCHF	TCHF	Text	Konto
400	Materialaufwand	8 824	16 280	Verkaufserlöse	300
500	Personalaufwand	4 930	120	Bestandesänderung	390
610	Übriger Sachaufwand	1 432		Neuanlagen in Arbeit	
620	Abschreibungen	580			
630	Zinsen	275			
	Gewinn	359			
		16 400	16 400		

4. Hinweise

a) Verbuchung der Ertragskonten der Finanzbuchhaltung

Buchen Sie die Ertragskonten der Finanzbuchhaltung in die Objekte der Betriebsabrechnung. Die Bestandesänderung «Neuanlagen in Arbeit» wird sachlich abgegrenzt und mit der Bestandesänderung der Betriebsbuchhaltung gemäss Objekt 501 abgeglichen:

Verkauf Neuanlagen	TCHF	10 850
Verkauf Service	TCHF	5 430

b) Materialaufwand

Die tatsächliche Abnahme des Materialbestands von TCHF 48 wurde in der Finanzbuchhaltung nur mit $^2/_3$ bewertet und gebucht.

Der betriebswirtschaftlich bereinigte Materialaufwand wird wie folgt aufgeteilt:

Neuanlagen	TCHF	6510
Service	Restbetrag	

c) Personalaufwand, übriger Sachaufwand, kalk. Abschreibungen

Für die Abrechnung des Personalaufwands, des Sachaufwands sowie der kalkulatorischen Kosten ist die nachstehende Tabelle zu verwenden.

Kostenartenbezeichnung für kalkulatorische Abschreibungen = 820

Werte in TCHF	Kostenstellen					Total
	101 Informatik	201 Material- wirtschaft	301 Engineering	302 Installation/ Service	401 Marketing/Verk./ Verwaltung	
Personalaufwand	270	120	1260	2125	1155	4930
Übriger Sachaufwand	485	52	312	429	154	1432
Kalk. Abschreibungen	188	28	140	136	76	568
Statistische Angaben: Personalbestand	3	2	14	28	11	58
Anzahl IT-Nutzer	0	2	14	5	11	32
Verrechnete Stunden	0	0	19320	43400	0	

d) Kalkulatorische Zinsen

Vom nachstehend ausgewiesenen gebundenen Kapital wird ein Zinssatz von 7,5 % berechnet. Die so berechneten kalkulatorischen Zinsen werden den entsprechenden Kostenstellen belastet. Kostenartenbezeichnung = 830

Gebundenes Kapital in TCHF	Kostenstellen					Total
	101 Informatik	201 Material-wirtschaft	301 Engineering	302 Installation/ Service	401 Marketing/Verk./ Verwaltung	
In Sachanlagen	520	60	520	480	220	1800
In Debitoren abzüglich Zinsfreies FK	–	–	–	–	2180	2180
In Vorräten/ Aufträgen i. A.	–	340	1400	–	–	1740
Total	520	400	1920	480	2400	5720

e) Vorkostenstelle Informatik

Wird im Verhältnis der IT-Nutzer abgerechnet (siehe Punkt 4 c).

f) Kostenstelle Materialwirtschaft

Wird im Verhältnis des Materialaufwandes abgerechnet.

g) Kostenstelle Engineering

Hat 1250 Stunden für «Verkauf Service» geleistet, die restlichen Stunden sind für Neuanlagen erbracht worden (siehe Punkt 4 c).

h) Kostenstelle Installation/Service

Hat 17 500 Stunden für «Verkauf Service» geleistet, die restlichen Stunden für Neuanlagen (siehe Punkt 4 c).

i) Herstellkosten der verkauften Neuanlagen

Können mit TCHF 10 430 gebucht werden. Der verbleibende Betrag (Saldo) stellt die Bestandesänderung an Neuanlagen in Arbeit dar.

j) Kostenstelle Marketing/Verkauf/Verwaltung

Wird im Verhältnis der Verkaufserlöse abgerechnet.

Lösungsvorlage Zellelektro AG

Gebundenes Kapital in TCHF	101 Informatik	201 Materialwirtschaft	301 Engineering	302 Installation/ Service	401 Marketing/ Verkauf/ Verwaltung	Total
Total	520	400	1920	480	2400	5720
Kalk. Zinsen (7,5%)						
Verrechnung Informatik gemäss Anzahl IT-Nutzer						

Verrechnung Materialwirtschaft

	Materialaufwand	Total Kostenstelle
Neuanlagen i. A.	6510	
Verkauf Service		
Total		

Verrechnung Engineering

	Total Stunden	Total Kostenstelle
Neuanlagen i. A.		
Verkauf Service	1250	
Total	19320	

Verrechnung Installation/Service

	Total Stunden	Total Kostenstelle
Neuanlagen i. A.		
Verkauf Service	17500	
Total	43400	

Verrechnung Marketing/Verkauf/Verwaltung

	Verkaufserlöse	Total Kostenstelle
Verkauf Neuanlagen	10850	
Verkauf Service	5430	
Total	16280	

Objekte der Betriebsabrechnung und Ergebnis-Überleitung

901 Sachliche Abgrenzungen (S-901)

Konto	Referenz	TCHF	TCHF	Referenz	Konto

101 Informatik (S-101)

Konto	Referenz	TCHF	TCHF	Referenz	Konto

201 Materialwirtschaft (S-201)

Konto	Referenz	TCHF	TCHF	Referenz	Konto

301 Engineering (S-301)

Konto	Referenz	TCHF	TCHF	Referenz	Konto

302 Installation/Service (S-302)

Konto	Referenz	TCHF	TCHF	Referenz	Konto

401 Marketing/Verkauf/Verwaltung (S-401)

Konto	Referenz	TCHF	TCHF	Referenz	Konto

501 Neuanlagen in Arbeit (S-501)

Konto	Referenz	TCHF	TCHF	Referenz	Konto

601 Verkauf Neuanlagen (S-601)

Konto	Referenz	TCHF	TCHF	Referenz	Konto

Verlust

701 Verkauf Service (S-701)

Konto	Referenz	TCHF	TCHF	Referenz	Konto

Ergebnis-Überleitung

Text	TCHF
Gewinn/Verlust Verkauf Neuanlagen	
Gewinn/Verlust Verkauf Service	
Gewinn/Verlust Betriebsbuchhaltung	
Sachliche Abgrenzungen	
Gewinn Finanzbuchhaltung	

3.09 Betriebsbuchhaltung mit Formularen (Plastic AG)

Allgemeine Angaben

– Alle Zahlen in Tausend CHF

– Nur ganze Zahlen einsetzen

– Erklärung zu Kontonummer: P-Art = Primärkostenart
U-Art = Umlagekostenart (Sekundärkostenart)

1. Finanzbuchhaltung

Die Finanzbuchhaltung des Unternehmens Plastic AG bewertet die Bestandesänderungen an Erzeugnissen ⅓ unter den Herstellkosten und zeigt vor der Verbuchung dieser Bestandesänderungen das folgende Bild:

Erfolgsrechnung 1. Quartal 20_1

P-400	Einzelmaterial	240	497	Erlös Auto	P-300
P-500	Personalaufwand	300	273	Erlös Bau	P-310
P-600	Diverser Aufwand	202		BÄ Erzeugnisse	P-320
		742	770		
	Gewinn	28			
		770	770		

2. Vorgehen

a) Verbuchen Sie die Rekapitulation gemäss Punkt 3.1 auf den Formularen der Lösungsvorlage Plastic AG am Aufgabenende.

b) Verbuchen Sie die Einzelmaterialbezüge gemäss Punkt 4.1.

c) Legen Sie die Materialkostenstelle und die Fertigungsstelle «Spritzwerk» gemäss Beschreibung Punkt 3.2 um.

d) Verbuchen Sie die Herstellkosten der verkauften Erzeugnisse aufgrund der Angaben gemäss Punkt 4.3.

e) Verrechnen Sie die Verwaltungsstelle gemäss Punkt 3.3.

f) Verbuchen Sie die Erlösrechnung und ermitteln Sie den Betriebsgewinn.

g) Verbuchen Sie die Bestandesänderung in der Betriebsbuchhaltung und übernehmen Sie die Erzeugnisse-Bestandesänderung der Finanzbuchhaltung (Bewertung siehe Punkt 1).

h) Ermitteln Sie den Gewinn der Finanzbuchhaltung gemäss der Erfolgsrechnung.

i) Stimmen Sie im vorgedruckten Feld auf der Lösungsvorlage links oben das Ergebnis der Betriebsbuchhaltung mit dem Ergebnis der Finanzbuchhaltung ab.

3. Betriebsbuchhaltung

3.1 Primärdatenerfassung

Die Primärdatenerfassung erfolgt aufgrund der Kontierung auf den Urbelegen. Der Rohstoffverbrauch geht aus der Materialwirtschaft (siehe 4.1) hervor, während die Gemeinkostenverteilung aufgrund der nachfolgenden Rekapitulation festgestellt wird.

Konto	Text	Fibu Aufwand	Kontierung in Betriebsbuchhaltung			
			SA Diverse	Mat.-Stelle	Spritzwerk	Verw.-Stelle
			Konto 10	Konto 20	Konto 30	Konto 40
P-500	Personalaufwand	300	9	16	189	86
P-600	Diverser Aufwand	202	– 7	4	111	94
	Total	502	2	20	300	180

3.2 Produktionsabwicklung

Die Plastic AG stellt Kunststofferzeugnisse für die beiden Branchen Auto und Bau her, die als Kostenträger geführt werden. Das Materialsystem weist den Rohmaterialverbrauch pro Kostenträger aus. Die Materialstelle ist für die ganze Beschaffungslogistik verantwortlich und wird im Verhältnis des Einzelmaterials verteilt. Das Spritzwerk verarbeitet das Rohmaterial zu fertigen Kunststoffteilen. Die Verrechnung erfolgt aufgrund der Betriebsdatenerfassung gemäss den gearbeiteten Maschinenstunden (siehe Punkt 4.2). Da die Produktionsabwicklung kontinuierlich verläuft, wird auf die Führung von unfertigen Erzeugnissen verzichtet.

3.3 Verkaufsabwicklung

Die gesamte Verkaufsabwicklung erfolgt ab dem Fertiglager. Die Verwaltungskosten werden proportional zu den Herstellkosten der verkauften Erzeugnisse verteilt.

4. Betriebsdatenerfassung

4.1 Materialwirtschaft

P-400 Rohstoffverbrauch für Autoteile	TCHF	150
P-400 Rohstoffverbrauch für Bauteile	TCHF	100
Total	TCHF	250

Die Differenz zum Einzelmaterialaufwand wird sachlich abgegrenzt. Der unterschiedliche Wert zur Finanzbuchhaltung ergibt sich aus einer unterschiedlichen Bewertung der Bestandesänderung.

4.2 Maschinenzeiterfassung

Für Autoteile	2400 Masch.-Std.
Für Bauteile	1600 Masch.-Std.
Total	4000 Masch.-Std.

4.3 Bestandesänderungen fertige Erzeugnisse bewertet zu Herstellkosten

Autoteile	TCHF	– 18 Bestandesabnahme
Bauteile	TCHF	+ 48 Bestandeszunahme
Total	TCHF	+ 30

Lösungsvorlage Plastic AG

Ermittlung Gewinn Finanzbuchhaltung

Abstimmung Finanz-/Betriebsbuchhaltung		
Konto	Text	TCHF
70	Gewinn Auto	
71	Gewinn Bau	
	Gewinn Bebu	
10	SA Diverse	
11	SA Erzeugnisse	

SA Diverse		Kto. 10
Konto	Text	U-110

SA Erzeugnisse		Kto. 11
Konto	Text	U-111

Materialstelle		Kto. 20
Konto	Text	U-120

Spritzwerk		Kto. 30
Konto	Text	U-130

Verwaltungsstelle		Kto. 40
Konto	Text	U-140

Fertige Erzeugnisse Auto		Kto. 60	Fertige Erzeugnisse Bau		Kto. 61
Konto	Text	U-160	Konto	Text	U-161

Verkaufte Erzeugnisse Auto		Kto. 70	Verkaufte Erzeugnisse Bau		Kto. 71
Konto	Text	U-170	Konto	Text	U-171

Aufgabe 3.10 Betriebsbuchhaltung mit Formularen (Aerni AG)

1. Ausgangslage

Der Buchhalter der mechanischen Werkstatt **Aerni AG** hat ein Excel-Programm entwickelt, um auf einfache Art und Weise die Wirtschaftlichkeit der beiden Sparten Dampfanlagen (D) und Landwirtschaft (L) zu überwachen und zu steuern sowie aufgrund der Kostenstellenrechnung eine Kostenkontrolle sowie Kalkulationssätze abzuleiten. Die einzeln geführten Konten (Formulare) gehen aus nachfolgendem Kontenplan hervor und sind auf der Lösungsvorlage Aerni AG am Aufgabenende abgebildet. Abrechnungszeitraum ist das Jahr 20_1.

2. Kontenplan der Firma Aerni AG

Kontenplan der Finanzbuchhaltung

Konto	Text (Primärart)
P-100–199	Diverse Aktiven
P-200–299	Diverse Passiven
P-300	Erlöse
P-310	Bestandesänderungen Erzeugnisse
P-400	Rohmaterial
P-500	Diverser Gemeinaufwand
P-700–799	Neutrale Aufwände und Erträge

Kontenplan der Betriebsbuchhaltung	Sekundärart
a) Sachliche Abgrenzungen	
99 Diverse Abgrenzungen	S-999
b) Kostenstellenplan	
10 Gebäudestelle	S-910
20 Materialstelle	S-920
30 Montagestelle	S-930
50 Verwaltungsstelle	S-950
c) Kostenträgerplan	
70 Produktion Erzeugnisse D (Sparte Dampf)	S-970
71 Fakturierte Erzeugnisse D	S-971
80 Produktion Erzeugnisse L (Sparte Landwirtschaft)	S-980
81 Fakturierte Erzeugnisse L	S-981

3. Produktionsablauf/Kostenrechnung

Das Rohmaterial wird den Kostenträgern gemäss dem Verbrauch belastet, wobei aufgrund der Unterbewertung der Bestände die Bewegungen der stillen Reserven zu berücksichtigen sind. Der Gemeinaufwand wird auf die entsprechenden Kostenstellen gebucht. Die Monteure der Fertigungsstelle können für beide Sparten eingesetzt werden. Die Verteilung dieser Kosten erfolgt aufgrund der Stunden gemäss Zeiterfassung. Die Schlüsselung der Materialstelle erfolgt im Verhältnis der Rohmaterialanteile, die Verwaltungsstelle im Verhältnis zu den Herstellkosten der fakturierten Erzeugnisse. Da alle Aufträge kundenbezogen sind, gibt es keine fertigen Erzeugnisse, d.h., die Aufträge sind in Arbeit, bis sie fakturiert werden.

4. Aufgabenstellung

4.1 Übernahme der Rohmaterialkosten (Konto P-400)

Rohmaterialverbrauch Sparte D	TCHF	150
Rohmaterialverbrauch Sparte L	TCHF	90
Total Rohmaterialverbrauch	TCHF	240
– Auflösung stille Reserven	TCHF	– 10
Rohmaterialaufwand Finanzbuchhaltung	TCHF	230

4.2 Übernahme des Gemeinaufwandes (Gemeinkosten Konto P-500)

Kostenart			Sachl. Abg.	Kostenstellen			
Konto	Text	Total	Kto. 99	Kto. 10	Kto. 20	Kto. 30	Kto. 50
P-500	Gemeinkosten	415	– 2	22	14	289	92

4.3 Umlage der Gebäudestelle

Die Gebäudestelle wird nach den beanspruchten m² umgelegt.

Objekt	Text	m²	TCHF
20	Materialstelle	200	
30	Montagestelle	550	
50	Verwaltungsstelle	350	
	Total	1100	

4.4 Umlage Hauptkostenstellen

Gemäss Beschreibung Punkt 3.

Montagestelle	Masch.-Std.
Für Sparte D	2800
Für Sparte L	1200
Total	4000

4.5 Kostenträgerrechnung

a) Bestandesänderungen Erzeugnisse
Der Bestand an Erzeugnissen hat sich wie folgt verändert:

Sparte D: Bestandeszunahme	TCHF	21
Sparte L: Bestandeszunahme	TCHF	12
Total Bestandeszunahme Erzeugnisse	TCHF	33

b) Erlösrechnung (Konto P-300)
Übernehmen Sie die Erlösrechnung gemäss Umsatz-Journal:

Sparte D	TCHF	430
Sparte L	TCHF	205
Total	TCHF	635

Buchen Sie aufgrund dieser Meldung die Bewegungen in der Kostenträgerrechnung bis zum Ausweis des Ist-Betriebsgewinns pro Sparte. Ebenfalls sind die Bestandesänderungen zu buchen, wobei die Finanzbuchhaltung nur ⅔ der Herstellkosten bewertet und verbucht.

4.6 Erfolgsausweis

Weisen Sie auf der Lösungsvorlage in dem dafür vorgesehenen Feld links oben den Unterschied im Erfolgsausweis zwischen der Betriebsbuchhaltung und der Finanzbuchhaltung aus. Erstellen Sie auf der Lösungsvorlage unten die Erfolgsrechnung der Finanzbuchhaltung.

Lösungsvorlage Aerni AG

Erfolg Finanz-/Betriebsbuchhaltung			Sachliche Abgrenzungen		Kto. 99
Konto	Text	TCHF	Konto	Text	S-999
S-971	Erfolg Erzeugnisse D				
S-981	Erfolg Erzeugnisse L				
	Erfolg Bebu				
S-999	SA				
	Erfolg Fibu				

Gebäudestelle		Kto. 10	Materialstelle		Kto. 20
Konto	Text	S-910	Konto	Text	S-920
	Total Kosten				
				Total Kosten	
	Saldo				
				Saldo	

Montagestelle		Kto. 30	Verwaltungsstelle		Kto. 50
Konto	Text	S-930	Konto	Text	S-950
	Total Kosten			Total Kosten	
	Saldo			Saldo	

Produktion Erzeugnisse D		Kto. 70	Fakturierte Erzeugnisse D		Kto. 71
Konto	Text	S-970	Konto	Text	S-971
				Selbstkosten	
	Total HK				
	Umlage a/Faktur.				
	Umlage BÄ (a/SA)				

Produktion Erzeugnisse L		Kto. 80
Konto	Text	S-980
	Total HK	
	Umlage a/Faktur.	
	Umlage BÄ (s/SA)	

Fakturierte Erzeugnisse L		Kto. 81
Konto	Text	S-981
	Selbstkosten	

Erfolgsrechnung Finanzbuchhaltung

4 Die Erfolgsrechnungen der Betriebsbuchhaltung

Aufgabe 4.01 Erfolgsrechnungen gemäss Aufgabe 3.02

Erstellen Sie auf der Lösungsvorlage zu Aufgabe 4.01 auf Grundlage der Lösung der Aufgabe 3.02 (siehe Betriebsabrechnungsbogen Firma Imor) die verlangten Erfolgsrechnungen. Bei den Produktions-Erfolgsrechnungen sind nur die Unterschiede zur Absatz-Erfolgsrechnung darzustellen.

Absatz-Erfolgsrechnung

Text	Erzeugnis A	Erzeugnis B	Total
Erlöse			
HK verkaufte Erzeugnisse			
Ergebnis nach HK			
Verwaltungsstelle			
Ist-Betriebsgewinn			
SA Rohmaterial			
SA Löhne			
SA Sozialkosten			
SA Abschreibungen			
SA Zinsen			
SA Bestandesänderungen Erzeugnisse			
Gewinn Finanzbuchhaltung			

Produktions-Erfolgsrechnung nach Kostenträger

Text	Erzeugnis A	Erzeugnis B	Total
Erlöse			
BÄ Unfertige Erzeugnisse			
BÄ Fertige Erzeugnisse			
Produktionsertrag			
Herstellkosten der Produktion			
Ergebnis nach HK			

Weiter wie Absatz-Erfolgsrechnung

Produktions-Erfolgsrechnung nach Kostenstellen

Text	Erzeugnis A	Erzeugnis B	Total
Produktionsertrag (wie oben)			
Rohmaterial			
Einzellöhne			
Materialstelle			
Fertigungsstelle			
Ergebnis nach HK			

Weiter wie Absatz-Erfolgsrechnung

Aufgabe 4.02 Erfolgsrechnungen gemäss Aufgabe 3.03

Erstellen Sie auf der Lösungsvorlage auf Grundlage der Lösung der Aufgabe 3.03 (siehe Betriebsabrechnungsbogen Wolfi AG) die verlangten Erfolgsrechnungen. Bei den Produktions-Erfolgsrechnungen sind nur die Unterschiede zur Absatz-Erfolgsrechnung darzustellen.

Absatz-Erfolgsrechnung

Text	Erzeugnis A	Erzeugnis B	Total
Erlöse			
HK verkaufte Erzeugnisse			
Ergebnis nach HK			
Verwaltungsstelle			
Ist-Betriebsgewinn			
SA Rohmaterial			
SA Abschreibungen			
SA Zinsen			
SA Bestandesänderungen Erzeugnisse			
Gewinn Finanzbuchhaltung			

Produktions-Erfolgsrechnung nach Kostenträger

Text	Erzeugnis A	Erzeugnis B	Total
Erlöse			
BÄ Unfertige Erzeugnisse			
BÄ Fertige Erzeugnisse			
Produktionsertrag			
HK Kosten der Produktion			
Ergebnis nach HK			

Weiter wie Absatz-Erfolgsrechnung

Produktions-Erfolgsrechnung nach Kostenarten

Text	Total
Produktionsertrag (wie oben)	
Rohmaterial	
Personalkosten	
Gemeinkostenmaterial	
Abschreibungen	
Zinsen	
Verwaltungskosten	
Ist-Betriebsgewinn	

Weiter wie Absatz-Erfolgsrechnung

Aufgabe **4.03 Erfolgsrechnungen gemäss Aufgabe 3.07**

Erstellen Sie auf der Lösungsvorlage auf Grundlage der Lösung der Aufgabe 3.07 (siehe Lösungsvorlage Arte AG) die verlangten Erfolgsrechnungen. Bei den Produktions-Erfolgsrechnungen sind nur die Unterschiede zur Absatz-Erfolgsrechnung darzustellen.

Absatz-Erfolgsrechnung

Text	Erzeugnisse A	Erzeugnisse B	Total
Erlöse	270	220	490
HK verkaufte Erzeugnisse	-180	-120	-300
Ergebnis nach HK (Bruttogewinn)	90	100	190
Verwaltungsstelle	- 60	-40	-100
Ist-Betriebsgewinn	30	60	90
SA Diverse			-4
SA Bestandesänderungen Erzeugnisse			-9
Gewinn Finanzbuchhaltung			+77

Produktions-Erfolgsrechnung nach Kostenträger

Text	Erzeugnisse A	Erzeugnisse B	Total
Erlöse	2 2 0	2 2 0	4 9 0
BÄ Unfertige Erzeugnisse	+ 1 8	+ 9	+ 2 7
Produktionsertrag	2 6 8	2 2 9	5 1 7
HK Kosten der Produktion	1 3 8	1 2 2	
Ergebnis nach HK (Bruttogewinn)			

Weiter wie Absatz-Erfolgsrechnung

Produktions-Erfolgsrechnung nach Kostenstellen

Text	Erzeugnisse A	Erzeugnisse B	Total
Produktionsertrag (wie oben)			
Rohmaterial			
Materialstelle			
Fertigungsstelle			
Ergebnis nach HK (Bruttogewinn)			

Weiter wie Absatz-Erfolgsrechnung

Aufgabe **4.04 Erfolgsrechnungen gemäss Aufgabe 3.09**

Erstellen Sie auf der Lösungsvorlage auf Grundlage der Lösung der Aufgabe 3.09 (siehe Lösungsvorlage Plastic AG) die verlangten Erfolgsrechnungen. Bei den Produktions-Erfolgsrechnungen sind nur die Unterschiede zur Absatz-Erfolgsrechnung darzustellen.

Absatz-Erfolgsrechnung

Text	Erzeugnisse Auto	Erzeugnisse Bau	Total
Ergebnis nach HK (Bruttogewinn)			
Ist-Betriebsgewinn			
Gewinn Finanzbuchhaltung			

Produktions-Erfolgsrechnung nach Kostenträger

Text	Erzeugnisse Auto	Erzeugnisse Bau	Total
Produktionsertrag			
Ergebnis nach HK (Bruttogewinn)			

Weiter wie Absatz-Erfolgsrechnung

Produktions-Erfolgsrechnung nach Kostenstellen

Text	Erzeugnisse Auto	Erzeugnisse Bau	Total
Produktionsertrag (wie oben)			
Ergebnis nach HK (Bruttogewinn)			

Weiter wie Absatz-Erfolgsrechnung

Aufgabe 4.05 Erfolgsrechnungen (FOLEX AG)

Das Unternehmen FOLEX AG produziert und verkauft zwei Sortimente von Folien:

– Folien Bau (Baubranche)
– Folien Do-it (Freizeitbereich)

Das Geschäftsjahr hat mit folgenden Fibu-Zahlen abgeschlossen (Werte in Mio CHF):

FOLEX AG

Erfolgsrechnung Fibu	Soll	Haben
Verkaufserlöse		79
BÄ Erzeugnisse		– 2
Einzelmaterial	44	
Div. Gemeinaufwand	29	
Ergebnis	4	
	77	77

Auf der folgenden Seite sind die Objekte der Betriebsbuchhaltung abgebildet. Die Betriebsabrechnung ist vollständig und einwandfrei verbucht.

Ihre Aufgaben:

1. Erstellen Sie eine Absatz-Erfolgsrechnung mit Ergebnisausweis pro Kostenträger und Total. Die sachlichen Abgrenzungen sind detailliert auszuweisen.

2. Erstellen Sie eine Produktions-Erfolgsrechnung nach Kostenträger bis auf Stufe «Ergebnis nach HK».

3. Erstellen Sie eine Produktions-Erfolgsrechnung nach Kostenarten bis auf Stufe «Betriebsergebnis Bebu».

SA Einzelmaterial			
	44	42	
		2	Saldo
	44	44	

SA Gemeinkosten			
		29	31
Saldo		2	
		31	31

SA Bestandes-Änderung			
BÄ Fibu	2	5	BÄ Folien Do-it
BÄ Folien Bau	2		
Saldo	1		
	5	5	

Vor-Kostenstelle	
5	5
5	5

Materialstelle	
6	7
1	
7	7

Fertigungsstelle	
13	16
3	
16	16

VVGK-Stelle	
7	8
1	
8	8

Erzeugnisse Folien Bau			
Einzelmaterial	28	41	HKV
MGK	5	2	BÄ
Fertigung	10		
	43	43	

Erzeugnisse Folien Do-it			
Einzelmaterial	14	27	HKV
MGK	2		
Fertigung	6		
BÄ	5		
	27	27	

Verkauf Folien Bau			
HKV	41	44	Erlöse
WGK	5		
		2	Ergebnis
	46	46	

Verkauf Folien Do-it			
HKV	27	35	Erlöse
WGK	3		
Ergebnis	5		
	35	35	

Lösungsvorlage Erfolgsrechnungen FOLEX AG

Absatz-Erfolgsrechnung	Folien Bau	Folien Do-it	Total

Ergebnis Fibu

Produktions-ER Kostenträger	Folien Bau	Folien Do-it	Total

Ergebnis nach HK

Produktions-ER Kostenarten	Total

Betriebsergebnis Bebu

5 Artenrechnung (Ertragsarten/Kostenarten)

Aufgabe **5.01** **Sachliche Abgrenzung Erlösminderungen**

In der Finanzbuchhaltung wurden im Jahr 20_1 ein Bruttoerlös von TCHF 3400 und Erlösminderungen von TCHF 46 erfasst. Die Betriebsbuchhaltung rechnet mit kalkulatorischen Erlösminderungen von 2 % vom Bruttoerlös. Verbuchen Sie diese Sachverhalte im Buchungsjournal und auf den Objekten der Betriebsbuchhaltung, und stellen Sie die Problemstellung im Betriebsabrechnungsbogen dar.

Kontenplan	Kontennummer
Debitoren	1100
Bruttoerlös	3000
Erlösminderungen	3100
Kalkulierte Erlösminderungen	5100

Buchungsjournal	Soll		Haben		Betrag
	Konto	Objekt	Konto	Objekt	TCHF
Fakturierung Erlös					
Ist-Erlösminderung					
Kalk. Erlösminderung					

	SA Erlösminderungen			KTR Verkaufte Erzeugnisse	
Konto-Nr.		Konto-Nr.	Konto-Nr.		Konto-Nr.

Betriebsabrechnungsbogen BAB

Konto	Aufwand/Erlös	Sachliche Abgrenzung	Kosten/Ertrag	KTR Verkaufte Erzeugnisse
Bruttoerlös				
Erlösminderungen				

Aufgabe **5.02** **Sachliche Abgrenzung Einzelmaterial mit Inventarvergleich (Mang AG)**

Das Unternehmen **Mang AG** erstellt pro Quartal eine Betriebsbuchhaltung. Dabei wird jeweils auch ein Inventar über das Rohmaterial aufgenommen, um mittels Inventarvergleich den Rohmaterialaufwand bzw. die Rohmaterialkosten zu ermitteln. In der Finanzbuchhaltung wird das Rohmaterial $\frac{1}{3}$ unter dem Einstandswert bewertet. Abzurechnen ist das 1. Quartal 20_1, wobei das Inventar einen Endbestand per 31.3.20_1 von TCHF 306 (betriebswirtschaftliche Bewertung) ergeben hat.

Erstellen Sie das Buchungsjournal aufgrund der nachfolgenden Kontenführung und nehmen Sie die Buchungen auf den Konten vor.

Vorberechnungen und Lösungsansatz (Matrix zur Ermittlung stiller Reserven)

Buchungsjournal	Soll		Haben		Betrag
	Konto-Nr.	Objekt-Nr.	Konto-Nr.	Objekt-Nr.	TCHF
BÄ Rohmat. nach True and Fair					
Unterbewertung BÄ nach HB 1					

Finanzbuchhaltung

Text	1210 Rohmaterialbestand	Text		Text	1219 Wertb. Rohmat.-Best.	Text
Anfangs-bestand	405				135	Anfangs-bestand

Text	4000 Rohmaterialaufwand	Text
	630	

Betriebsbuchhaltung

Konto-Nr.	900 SA Rohmaterial HB 1	Konto-Nr.		Konto-Nr.	700 KTR Fabrikate in Arbeit	Konto-Nr.
				4000	630	

Aufgabe **5.03 Sachliche Abgrenzung Handelsprodukte mit Rückrechnung (Hubi AG)**

Das Industrieunternehmen **Hubi AG** rechnet während des Jahres für das Profit-Center «Handelsprodukte» den jeweiligen Einstandswert der verkauften Ware mittels Rückrechnung über den Verkaufspreis. Der Kalkulationszuschlagssatz für die Berechnung des Verkaufspreises wird mit 33⅓ % vom Einstand festgelegt. Die Konten weisen per 31.1. 20_1 für den Abrechnungsmonat Januar folgende Saldi aus:

Finanzbuchhaltung

1200 Warenbestand		4200 Warenaufwand		3200 Warenerlös	
AB[1] 100		[2]470			600

[1] AB = Anfangsbestand per 1.1. 20_1
[2] Dies ist der Wareneinkauf im Monat Januar.

Betriebsbuchhaltung

	901 SA Warenaufwand HB 1				720 KTR Handelsprodukte	
Konto-Nr.			Konto-Nr.	Konto-Nr.		Konto-Nr.

Nehmen Sie gemäss obiger Ausgangslage die Buchungen in der Finanz- und Betriebsbuchhaltung vor, wobei zu berücksichtigen ist, dass die Finanzbuchhaltung die Bestände generell 20 % unterbewertet. Erstellen Sie die Erfolgsrechnung der Finanz- und der Betriebsbuchhaltung in Kontenform und in Berichtsform.

Vorberechnungen und Lösungsansatz

Verbuchung bei Führung von HB 1 und HB 2 in der Finanzbuchhaltung

Buchungsjournal	Soll		Haben		Betrag
	Konto	Objekt	Konto	Objekt	TCHF
Fakturierung Erlös	Debitoren		Warenerlös		600
Wareneinkauf	Waren-aufwand		Kreditoren		470

schwarz = bereits auf Konten verbucht

Alternative Verbuchungsvariante

Buchungsjournal	Soll	Haben	Betrag

Kontenform

Erfolgsrechnung Finanzbuchhaltung		
Konto		Konto

Berichtsform

ER Finanzbuchhaltung

Kontenform

Erfolgsrechnung Betriebsbuchhaltung		
Konto		Konto

Berichtsform

ER Betriebsbuchhaltung

Aufgabe **5.04 Ermittlung Warenkosten mit Inventarvergleich und Rückrechnung (Firma C. Rudolf)**

Die Finanzbuchhaltung der Firma **C. Rudolf** weist für den Monat Januar folgende Saldi per 31.1.20_1 aus (Zahlen in Tausend CHF):

Finanzbuchhaltung

Warenbestand Rohstoffe 1		Wareneinkauf Rohstoffe 2		Erlös Erzeugnis A 3	
AB[1] 200		150			500

Warenbestand Handelswaren 4		Wareneinkauf Handelswaren 5		Erlös Handelswaren 6	
AB[1] 90		120			180

1. Grundsätze der Buchführung

– Die Finanzbuchhaltung bewertet alle Bestände ⅓ unter dem Einstandswert.

– Die Aufwandbuchungen in der Finanzbuchhaltung werden jeweils auf ein sachliches Abgrenzungsobjekt gebucht. Der Verbrauch wird in der Betriebsbuchhaltung ab diesem Abgrenzungsobjekt auf die entsprechenden Kostenträger verbucht.

– Der Rohstoffbestand wird monatlich ermittelt. Bestand per 31.1.20_1 nach betrieblicher (echter) Bewertung TCHF 330.

– Der Handelswarenverbrauch wird durch Rückrechnung über den Verkaufspreis mit einem kalkulierten Bruttogewinnzuschlag von 25 % auf dem Einstandswert gerechnet. Die Differenz zum Wareneinkauf Handelswaren entspricht der Bestandesänderung.

– Auf den Zeilen der Betriebsbuchhaltungskonten ist die Kostenarten-Nummer (siehe 1 – 6) anzugeben.

2. Aufgabenstellung

a) Ermitteln Sie die Buchungssätze und verbuchen Sie diese auf den Konten der Finanzbuchhaltung und der Betriebsbuchhaltung (siehe Seite 78).

b) Füllen Sie aufgrund der Buchungstatbestände den Betriebsabrechnungsbogen (BAB, siehe Seite 78) aus.

Vorberechnungen und Lösungsansatz

a) Ermittlung der Buchungssätze Finanzbuchhaltung

Betriebsbuchhaltung

	SA Rohstoff-kosten				SA Handelswaren-kosten		
2	150			5	120		

	unfertige Erzeugnisse A				Verkauf Erzeugnisse A				Verkauf Handelswaren		
						500	3			180	6

b) Betriebsabrechnungsbogen

Kostenarten	Sachliche Abgrenzungen			Kostenträger		
Text	Aufwand/ Erlös	Sachliche Abgrenzung	Kosten/ Ertrag	unfertige Erzeugnisse A	Verkauf Erzeugnisse A	Verkauf Handels- waren
Erlös Erzeugnis A						
Erlös Handelswaren						
Wareneinkauf Rohstoffe						
Wareneinkauf Handelswaren						

Aufgabe **5.05** **Materialbuchhaltung**

Der Rohstoff A weist gemäss nachstehender Lagerkarte (Ausdruck aus Materialbuchhaltung) folgende Bewegungen auf:

Bezeichnung: Rohstoff A		Mengeneinheit: Stück		Mat.-Nr. 123456
Datum	Text	Ein/Aus Menge	Saldo Menge	
1. 1.	Anfangsbestand		1000	
5. 1.	Eingang	+ 800	1800	
18. 1.	Bezug	– 600	1200	
25. 1.	Bezug	– 500	700	

Aufgabe

Die Rechnung für den Eingang vom 5. 1. betrug CHF 1780.–

Aufgabe: Nehmen Sie die Lagerführung mit folgenden Bewertungsmethoden vor (in ganzen Franken):

a) Verrechnungspreis CHF 2.– mit separatem Ausweis der Preisdifferenz

Bezeichnung: Rohstoff A		Mengeneinheit: Stück		Mat.-Nr. 123456	
Datum	Text	Ein/Aus Menge	Saldo Menge	Ein/Aus CHF	Saldo CHF
1. 1.	Anfangsbestand		1000		2000.–
5. 1.	Eingang	+ 800	1800		
18. 1.	Bezug	– 600	1200		
25. 1.	Bezug	– 500	700		

b) Durchschnittswertmethode

Bezeichnung: Rohstoff A		Mengeneinheit: Stück		Mat.-Nr. 123456	
Datum	Text	Ein/Aus Menge	Saldo Menge	Ein/Aus CHF	Saldo CHF
1. 1.	Anfangsbestand		1000		2000.–
5. 1.	Eingang	+ 800	1800		
18. 1.	Bezug	– 600	1200		
25. 1.	Bezug	– 500	700		

c) Fifo-Methode

Bezeichnung: Rohstoff A		Mengeneinheit: Stück		Mat.-Nr. 123456	
Datum	Text	Ein/Aus Menge	Saldo Menge	Ein/Aus CHF	Saldo CHF
1. 1.	Anfangsbestand		1000		2000.–
5. 1.	Eingang	+ 800	1800		
18. 1.	Bezug	– 600	1200		
25. 1.	Bezug	– 500	700		

Aufgabe **5.06** **Abschreibungen**

Die **Bossard AG** ist ein grosser Schreinereibetrieb. Als führendes Rechnungsverfahren berichtet sie nach True-and-Fair-View (Handelsbilanz 2). Für steuerliche Zwecke wird der gesetzliche Spielraum ausgenutzt, und die Anlagen werden schneller abgeschrieben. Um aber die Resultate einer objektiven Kalkulation nicht zu verfälschen, werden neben der objektiven True-and-Fair-Betrachtung für kalkulatorische Zwecke auch Zusatzabschreibungen verbucht (d. h. Abschreibungen, nachdem der Restwert null erreicht ist). Anbei finden Sie die Daten der Anlagenbuchhaltung:

Anlageninventar per 31. 12. 2011

Anlagendaten				Inaktiv	Fibu HB 1 Abschreibungen		Fibu True and Fair HB 2 Abschreibung		Kalk. Abschreibung Bebu	
Anlagen Nr.	Bezeichnung	Anschaffungswert CHF	Ansch.-Jahr		Abschr.-Satz in %	Betrag CHF	Abschr.-Satz in Jahren	Betrag CHF	Abschr.-Satz in Jahren	Betrag CHF
1001	Gebäude	1 200 000	1990		3 %	36 000	40	30 000	40	30 000
1008	Hobelfräse	80 000	2002		15 %	0	10	8 000	10	8 000
1010	Tischsäge	30 000	2004	X	15 %	0	10	0	10	0
1011	Hubstapler	50 000	2004		20 %	0	5	0	10	5 000
1021	CNC-Fräse	250 000	2008		15 %	37 500	10	25 000	10	25 000
1022	Roboter	160 000	2009		15 %	24 000	8	20 000	8	20 000
1025	Bohrroboter	60 000	2011		15 %	4 500	5	6 000	5	6 000
Total		1 830 000				102 000		89 000		94 000

Aufgabenstellung:

a) Erstellen Sie die Buchungen für die Abschreibungen im Buchungsjournal und verbuchen Sie diese auf den vorgegebenen Objekten der Betriebsbuchhaltung.

b) Beantworten Sie nachfolgende Aussagen mit richtig oder falsch.

a) Verbuchung der Abschreibungen

Buchungsjournal	Soll		Haben		Betrag
	Konto	Objekt	Konto	Objekt	CHF
Abschreibungen gemäss True and Fair					
Zusätzliche Abschreibungen für HB 1, steuerrechtliche Betrachtung					
Kalkulatorische Abschreibungen					

Betriebsbuchhaltung

SA Abschreibungen HB 1	SA Abschreibungen HB 2	Kostenstellen

b) Richtig oder falsch?

	Aussage	Richtig	Falsch
A	Das Gebäude wird nach steuerrechtlichen Kriterien schneller abgeschrieben als nach betriebswirtschaftlichen Gesichtspunkten.		
B	Die Tischsäge Nr. 1010 kann aus dem Anlageninventar entfernt werden, sie ist inaktiv.		
C	Im nächsten Geschäftsjahr 2012 muss die Hobelfräse Nr. 1008 nicht mehr für finanzbuchhalterische Zwecke abgeschrieben werden.		
D	Der Hubstapler Nr. 1011 wird in der Betriebsbuchhaltung noch abgeschrieben, weil er weiterhin im Einsatz ist.		
E	Neue Anlagen werden im Jahr der Anschaffung bereits mit einer vollen Jahresabschreibung berücksichtigt.		

Aufgabe **5.07 Zinskosten**

Die Finanzbuchhaltung weist folgende Bilanz und Erfolgsrechnung aus (in Tausend CHF):

Bilanz 31.12.20_1			
Flüssige Mittel	400	800	Kreditoren
Debitoren	2 000	200	Kundenanzg.
Best. Rohmat.	400	2 400	Darlehen
Best. Zw.-Lager	600	3 000	Hypotheken
Best. Fertige Erz.	800		
Gebäude	5 000		
Masch./Anl.	4 400	8 000	Eigenkapital
Wohnliegensch.	1 600	**800**	**Gewinn**
	15 200	15 200	

Erfolgsrechnung 20_1			
Warenaufwand	4 600	5 000	Erlös A
Personalaufw.	5 800	10 000	Erlös B
Zinsen	300		
Abschreibungen	700		
Energie	400		
Verw.-Aufwand	2 200		
Div. Aufwand	200		
Gewinn	**800**		
	15 000	15 000	

1. Anlagenbuchhaltung

Rekapitulation nach Kostenstellen und Anschaffungswert

Kostenstelle	Anschaffungswert in Tausend CHF
Rohstofflager	500
Spritzwerk/Zw.-Lager	10 300
Montage	2 000
Spedition/Fertiglager	600
Verwaltungsstelle	1 000
Total	14 400

Auszug aus den Buchführungsrichtlinien

– Die Finanzbuchhaltung bewertet die Warenbestände zu ⅔ des Einstandswerts bzw. der Herstellkosten.

– Der kalkulatorische Zinssatz beträgt 8 %. Von den abzuschreibenden Maschinen und Anlagen gemäss Anlagenbuchhaltung wird nur vom hälftigen Anschaffungswert der Zins berechnet. Das Gebäude wird nicht abgeschrieben.

– Die Bilanzpositionen «Flüssige Mittel» und «Kreditoren» werden für die Berechnung der kalkulatorischen Zinsen nicht berücksichtigt.

2. Aufgabenstellung

– Berechnen Sie auf nachstehender Zinsermittlungstabelle die kalkulatorischen Zinsen (in Tausend CHF).

– Verbuchen Sie anschliessend die Zinsen gemäss den dafür vorgesehenen Formen:

a) Betriebsabrechnungsbogen

b) Kontenführung

Kostenverursachende Kostenstellen	Berechnungsgrundlagen ab Bilanzpositionen		Berechnungen kalkulatorische Zinsen		
			8 % gemäss Bilanzposition	Gemäss Anlagenbuchhaltung	Total
	Text	TCHF	TCHF	TCHF	TCHF
Gebäudestelle	Gebäude				
Rohstofflager	Rohstoffe				
Spritzwerk/Zw.-Lager	Best. Zw.-Lager				
Montagestelle					
Spedition/Fertiglager	Best. Fert. Erz.				
Verwaltungsstelle	Debitoren				
Total					

a) Betriebsabrechnungsbogen

Kostenart			Kostenstellen					
Text	Aufwand Fibu	SA	Gebäudestelle	Rohstofflager	Spritzwerk/ Zw.-Lager	Montagestelle	Spedition/Fertiglager	Verwaltungsstelle
Zinsen								

b) Kontenführung

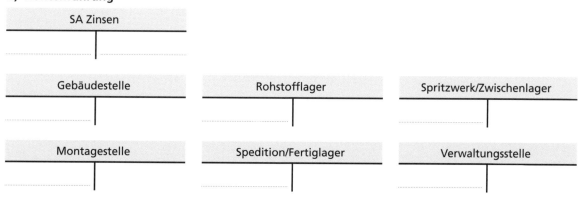

Aufgabe **5.08** **Financial Leasing (Bucher AG)**

Die **Bucher AG** hat mit der Leasit AG ein Finanzleasing zu folgenden Konditionen abgeschlossen:

Barkaufpreis	TCHF 840
30 monatliche Leasingraten zu	TCHF 31
Restkaufpreis	TCHF 0

Die Anlage für die Fertigungsstelle wird bei der Anschaffung am 1.1.20_1 aktiviert und die Leasingverbindlichkeit ausgewiesen. Die jährlichen Leasingraten werden in einen Zinsteil und einen Amortisationsteil aufgeteilt. Die Anlage wird über die objektive Nutzungsdauer nach True-and-Fair-View über drei Jahre abgeschrieben.

a) Berechnen Sie die relevanten Daten zum Leasinggeschäft.

b) Erstellen Sie das Buchungsjournal zu folgenden Transaktionen:

- Verbuchung bei Vertragsabschluss bzw. Lieferung der Anlage
- Verbuchung Leasingraten für Jahr 20_2
- Verbuchung der Abschreibungen im Jahr 20_2 für die Belange der Finanzbuchhaltung und der Betriebsbuchhaltung

Berechnung der Leasinggrundlagen

Periode	Anschaffungs-wert	Leasingraten	Zinsanteil	Amortisation	Abschreibung True and Fair
Beginn 1.1.20_1					
Jahr 20_1			50		
Jahr 20_2			30		
Jahr 20_3			10		
Total			90		

Buchungsjournal

Transaktionen	Soll		Haben		Betrag
	Konto	Objekt	Konto	Objekt	TCHF

Aufgabe **5.09** **Verschiedene Buchungsfälle mit sachlichen Abgrenzungen**

1. Ermitteln Sie die Buchungssätze für die Finanz- und Betriebsbuchhaltung zu nachfolgenden Geschäftsfällen (in Tausend CHF), und bilden Sie die einzelnen Buchungstatsachen im Betriebsabrechnungsbogen ab (es muss auf das Ergebnis nach True-and-Fair-View sowie auf den Abschluss nach Steuerrecht abgestimmt werden):

   a) Bestandszunahme an fertigen Erzeugnissen gemäss Betriebsbuchhaltung TCHF 12. Die Finanzbuchhaltung bewertet die Bestände $\frac{1}{3}$ unter den Herstellkosten.

   b) Die Abschreibungen werden wie folgt festgehalten:
      a. finanzbuchhalterisch nach True and Fair   TCHF 40
      b. finanzbuchhalterisch nach Steuerrecht   TCHF 60
      c. betriebsbuchhalterisch   TCHF 45

   c) In der Finanzbuchhaltung wurde ein Wareneinkauf Handelswaren von TCHF 360 festgestellt. Der Warenaufwand wird mit einer kalkulatorischen Bruttogewinnmarge von 40 % vom Verkaufserlös TCHF 700 berechnet. Die Finanzbuchhaltung bewertet Handelswaren mit $66\frac{2}{3}$ % des Einstandswerts.
   Es sind nur die Bestandeskorrektur und die Unterbewertung zu buchen.

   d) Geleistete Überzeiten in der Buchhaltung im Monat Januar von TCHF 16, die nur in der Betriebsbuchhaltung gebucht werden. Zusätzlich sind 25 % kalkulatorische Sozialkosten von den Löhnen zu berücksichtigen.

   e) Kreditankauf einer Kleinmaschine für die Produktionskostenstelle über TCHF 4, die in der Finanzbuchhaltung über Unterhaltsaufwand gebucht wird. Die Betriebsbuchhaltung aktiviert diese Maschine (Nutzungsdauer 4 Jahre) mit der Übernahme in die Anlagenbuchhaltung und verbucht eine Jahresabschreibung.

Buchungsjournal

	Transaktionen	Soll		Haben		Betrag
		Konto	Objekt	Konto	Objekt	TCHF
a)						
b)						
c)						
d)						
e)						

Lösungsansatz

Betriebsabrechnungsbogen

	Kostenart/Konto	Sachliche Abgrenzungen			Kosten-stellen	Kostenträger	
	Text	Aufwand/ Erlös	Sachliche Abgrenzung	Kosten/ Ertrag	Diverse	KTR Unfer-tige Erz.	KTR Fert. Erzeugn.
a)	Bestandesänderung FF						
b)	Abschreibung						
c)	Warenaufwand						
d)	Lohnaufwand						
	Sozialaufwand						
e)	Unterhaltsaufwand						
	Abschreibung						

2. Erstellen Sie die Überleitung vom Erfolg der Betriebsbuchhaltung (Saldo bereits eingetragen) zum Erfolg Finanzbuchhaltung nach True and Fair Handelsbilanz 2 sowie dem Erfolg Finanzbuchhaltung nach Handelsbilanz

Überleitung Erfolgsrechnung Betriebsbuchhaltung	
Text	TCHF
Ist-Gewinn Betriebsbuchhaltung	– 400
Gewinn Fibu nach True and Fair HB 2	
Gewinn Fibu nach HB 1	

Bemerkungen zu der Lösung Überleitung Erfolgsrechnung:

Bei den sachlichen Abgrenzungen der Abschreibungen wurden zwei verschiedene Objekte verwendet. Dies ermöglicht die Zuweisung der Ergebnisdifferenz auf das Resultat nach True-and-Fair-View respektive das Ergebnis nach HB 1.

Alle sachlichen Abgrenzungsobjekte, welche nicht mit HB 1 oder HB 2 bezeichnet sind, stellen Abgrenzungen der Betriebsbuchhaltung zum Ergebnis der Finanzbuchhaltung nach True-and-Fair-View dar. Die spezifischen Unter- und Überbewertungen (Bildung/Auflösung stiller Reserven) haben zum Ziel, das steuerrechtliche/statutarische Ergebnis zu korrigieren. Sie wurden in der Aufgabe konsequent als solche Abgrenzungen HB 1 ausgewiesen. Macht die Finanzbuchhaltung keine Unterscheidung zwischen einem Ergebnis nach True-and-Fair-View und einem steuerrechtlichen Ergebnis, so werden die sachlichen Abgrenzungen alle gleich behandelt.

6 Sachliche Abgrenzungen, Kostenstellen und Kostenträger

Aufgabe 6.01 Kostenschlüsselung mit Äquivalenzziffern (Lohri AG)

Der Betriebsabrechnungsbogen der Firma **Lohri AG** weist nach der Primärkostenumlage für den Monat Januar folgende Totale auf (in Tausend CHF):

Betriebsabrechnungsbogen Lohri AG

Kostenart/Konto		Kostenstellen					Kostenträger			
Text	Total	Strom-zentr.	Ge-bäude	Mat.-stelle	Fert.-stelle	Verw.-stelle	Erz. in Arb. A	Erz. in Arb. B	Ver-kauf A	Ver-kauf B
Primärkosten	955	20	25	40	266	154	180	270		
Stromzentrale										
Gebäude										
Materialstelle										
Fertigungsstelle										
HK Produktion										
HK verk. Erzeugnisse										
Verwaltungsstelle										
Selbstkosten										
Bestandesänderungen										

1. Kostenstellenrechnung

a) Stromzentrale

Verteilung gemäss kWh-Anschlusswert, äquivalent der Schichtleistung

Kostenstelle	kWh-Anschlusswert	Schichtleistung
Gebäudestelle	50 000	1 Schicht
Fertigungsstelle	70 000	2 Schicht
Verwaltungsstelle	10 000	1 Schicht

b) Gebäude

Verteilung gemäss m², gewichtet mit einer Äquivalenzziffer pro Gebäudequalität

Kostenstelle	m²	Äquivalenzziffer
Materialstelle	2000 m²	0.6
Fertigungsstelle	4000 m²	1.2
Verwaltungsstelle	500 m²	2.4

c) Materialstelle

Im Verhältnis der Einzelkosten

d) Fertigungsstelle

Im Verhältnis der gefertigten Stückzahlen gemäss Betriebsdatenerfassung, wobei die Stücke des Erzeugnisses B 20 % mehr Zeit als Erzeugnis A beanspruchen. Für diese Produktion wurden insgesamt 3000 Std. aufgewendet.

Erzeugnis A	12 000	Stück
Erzeugnis B	15 000	Stück
Total	27 000	Stück

e) Verwaltungskosten

Im Verhältnis der Herstellkosten der verkauften Erzeugnisse

2. Kostenträgerrechnung

Die Erzeugnisse werden nach Fertigstellung sofort fakturiert, weshalb es keine Bestände an fertigen Erzeugnissen gibt. Folgende Aufträge sind in der Berichtsperiode fertig erstellt und verkauft worden, bewertet zu Herstellkosten:

Herstellkosten verkaufte Erzeugnisse A	TCHF	300
Herstellkosten verkaufte Erzeugnisse B	TCHF	500
Total	TCHF	800

3. Aufgabenstellung

a) Nehmen Sie auf dem BAB die Kostenstellenumlage gemäss den Angaben Punkt 1 und 2 vor.

b) Ermitteln Sie die Kosten- und Zuschlagssätze der Hauptkostenstellen.
   – Materialstelle (in % des Einzelmaterials)
   – Fertigungsstelle (pro Stunde)
   – Verwaltungsstelle (in % der Herstellkosten)

Materialstelle

Fertigungsstelle

Verwaltungsstelle

Aufgabe **6.02 Ermittlung Äquivalenzziffern und Kostenumlage (Lichtensteig AG)**

Das Unternehmen «**Lichtensteig AG**» stellt Schreibblöcke (Stück) her. Die Papierschneidemaschine in der Kostenstelle «Papierschneiderei» kann pro Durchlauf eine Schneideoperation ausführen. Folgende Grössen werden hergestellt:

2 000 Stück A3	Grundformat keine Schneideoperation
30 000 Stück A4	1 Schneideoperation
12 000 Stück A5	2 Schneideoperationen
10 000 Stück A6	3 Schneideoperationen

Die Kostenstelle «Papierzuschneiderei» wird im Verhältnis der Menge und Anzahl der Schneideoperationen verteilt. Primärkosten CHF 8400.–

a) Ermitteln Sie die Äquivalenzziffer für die einzelnen Papiergrössen (A4 = 1).

b) Verteilen Sie die Kosten auf die einzelnen Papiergrössen.

c) Ermitteln Sie die Schneidekosten pro Schreibblock je Papiergrösse.

Text	Total	A3	A4	A5	A6
Stückzahl		2000	30 000	12 000	10 000
a) Äquivalenzziffer					
Gewichtete Einheiten					
b) Kostenverteilung					
c) Kosten in Rappen pro Schreibblock					

91

Aufgabe **6.03** **Kostenschlüsselung bei gegenseitiger Belastung**

1. Ausgangslage

Nach der Primärkostenartenrechnung weist die Kostenstellenrechnung folgende Totale auf (in Tausend CHF):

Kostenart		Kostenstellen			
Text	Total	Gebäude-stelle	Elektro-werkstatt	Fertigungs-stelle	Verwal-tungsstelle
Primärkosten	3300	300	100	2200	700

Gebäudeschlüssel

Elektrowerkstatt	200 m²
Fertigungsstelle	1600 m²
Verwaltungsstelle	700 m²
Total	2500 m²

Verteilung Elektrowerkstatt

Basis sind die geleisteten Personenstunden für:

Gebäudestelle	125 Std.
Fertigungsstelle	1100 Std.
Verwaltungsstelle	25 Std.
Total	1250 Std.

2. Aufgabenstellung

Verteilen Sie die beiden Vorkostenstellen mit folgenden Methoden:

a) Gegenseitige Verrechnung mit Nachverteilung

Ist-Kostenverteilung nach dem vorgegebenen Schlüssel. Die sich aus der Rückumlage ergebende Differenz wird auf die Hauptkostenstelle mit dem grössten Anteil übertragen (auf ganze Zahlen runden).

Kostenarten		Kostenstellen			
Text	Total	Gebäudestelle	Elektro-werkstatt	Fertigungs-stelle	Verwaltungs-stelle
Primärkosten	3300	300	100	2200	700
Umlage Gebäude					
Umlage Elektrowerkstatt					
Nachumlage Gebäude					
Total					

b) Gegenseitige Verrechnung mit Vorverteilung

Machen Sie eine Vorverteilung mit folgender Umlagenreihenfolge:

– Kostenanteil geleistete Stunden der Elektrowerkstatt für Gebäude übertragen (Vorverteilung)
– Umlage der Gebäudestelle
– Umlage der Elektrowerkstatt

Kostenarten		Kostenstellen			
Text	Total	Gebäude-stelle	Elektro-werkstatt	Fertigungs-stelle	Verwaltungs-stelle
Primärkosten	3300	300	100	2200	700
Umlage Elektrowerkstatt					
Umlage Gebäudestelle					
Umlage Elektrowerkstatt					
Total					

Aufgabe   **6.04   Verbuchung der Kostenträgerrechnung**

Die Kostenträgerrechnung zeigt auf dem Konto «Unfertige Erzeugnisse» die Gesamtbelastung (Einzelkosten und Gemeinkosten). Die Finanzbuchhaltung bewertet Erzeugnisse nur mit $66\frac{2}{3}\%$ des betriebswirtschaftlichen Herstellkostenwerts.

Verbuchen Sie die nachfolgenden Angaben in Finanz- und Betriebsbuchhaltung auf den entsprechenden Konten.

Unfertige Erzeugnisse   Der Bestand hat um TCHF 18 zugenommen
Fertige Erzeugnisse   Ausgang zu Herstellkosten TCHF 225

Betriebsbuchhaltung

Unfertige Erzeugnisse		Fertige Erzeugnisse		Verkaufte Erzeugnisse
222				

SA BÄ Unfertige Erz.		SA BÄ Fertige Erzeugn.

Finanzbuchhaltung

Bestand Erzeugnisse		Best.-Änd. Unf. Erz.		Best.-Änd. Fertige Erz.
AB 120				

94

Aufgabe **6.05** **Verbuchung der Kostenträgerrechnung**
(Ermittlung der Kalkulationssätze)

a) Bestimmen Sie für nachfolgende Geschäftsfälle die Buchungen.

b) Führen Sie die nachstehenden Objekte der Betriebsbuchhaltung in Tausend CHF.

Hinweis: Die Verbuchung von Einzelmaterial erfolgt in der Fibu mit permanenter Inventur, als Bilanzkonto wird «Bestand Einzelmaterial» geführt. Die Bestände an unfertigen Erzeugnissen und fertigen Erzeugnissen werden in der Fibu auf einem Bilanzkonto «Bestand Erzeugnisse» zusammengefasst.

Einzelmaterialverbrauch	TCHF	1200	
Materialgemeinkosten	TCHF	120	(in % des Einzelmaterials)
Fertigungsgemeinkosten	TCHF	1510	(10 000 Maschinenstunden)
Verwaltungsgemeinkosten	TCHF	560	(in % der Herstellkosten)
Fertig gestellte Erzeugnisse	TCHF	2866	
Bestandeszunahme Fertige Erzeugn.	TCHF	66	

Die Finanzbuchhaltung bewertet die Erzeugnisbestände zu $\frac{2}{3}$ der Herstellkosten.

a) Buchungen

Soll	Haben	Betrag TCHF

95

b) Objekte

SA Erzeugnisse (Version 1)	Unfertige Erzeugnisse

SA Erzeugnisse (Version 2)	Fertige Erzeugnisse

Verkaufte Erzeugnisse

In der vorliegenden Lösung wird der Umlegeprozess nur mit der Objektrechnung gezeigt. In der systemischen Verarbeitung wird jede Zeile mit der Primär- bzw. Sekundärkostenart identifiziert.

c) Berechnen Sie die Gemeinkostensätze.

Materialgemeinkosten

Fertigungsgemeinkosten

Verwaltungsgemeinkosten

6.06 Verbuchung der Kostenträgerrechnung

1. Ausgangslage (Angaben in Tausend CHF)

Text	Erzeugnisse A	Erzeugnisse B
Herstellkosten Unfertige Erzeugnisse	420	309
Herstellkosten Fertige Erzeugnisse	408	330
Bestandesänderung Fertige Erzeugnisse	– 42	+ 30
Nettoerlös	550	390

(+ = Zunahme)

– Verwaltungsgemeinkosten 20 % der Herstellkosten der verkauften Erzeugnisse
– Die Finanzbuchhaltung bewertet die unfertigen Erzeugnisse und die fertigen Erzeugnisse ⅓ unter den Herstellkosten.

2. Aufgabenstellung

a) Verbuchen Sie die obigen Angaben für den Kostenträger A.

Unfertige Erzeugnisse A	Fertige Erzeugnisse A	Verkauf Erzeugnisse A

b) Verbuchen Sie die obigen Angaben für den Kostenträger B.

Unfertige Erzeugnisse B	Fertige Erzeugnisse B	Verkauf Erzeugnisse B

c) Erstellen Sie die Erfolgsrechnung.

Text	Kostenträger	
	Erzeugnisse A TCHF	Erzeugnisse B TCHF
Nettoerlös		
HK der verkauften Erzeugnisse		
= Ergebnis nach Herstellkosten		
Verwaltungsgemeinkosten		
= Betriebsgewinn		
Bewegung stille Reserven Unfertige Erzeugnisse		
Bewegung stille Reserven Fertige Erzeugnisse		
= Betriebsgewinn Finanzbuchhaltung		

7 Kalkulation

Aufgabe **7.01** **Divisionskalkulation**

Aus dem Geschäftsbericht eines Elektrizitätswerks gehen folgende Zahlen hervor:

Betriebskosten	CHF	34 928 234.–
Energieabgabe (Produktion)	kWh	168 838 000

Wie viel kostet eine kWh Strom? Wie kann das Ergebnis noch weiter analytisch ausgewertet werden?

Aufgabe **7.02 Divisionskalkulation mit Äquivalenzziffern**

Ein Fertigungsbetrieb für Konserven stellt zwei Sorten Gemüse in zwei verschiedenen Dosengrössen her.

Dosengrösse	Masch.-Zeit pro 1 000 Dosen	
	Gemüse A	Gemüse B
Dose 400 g = Materialgewicht	60 Min.	72 Min.
Dose 800 g = Materialgewicht	90 Min.	96 Min.

Materialkosten Verrechnungspreis für 100 Kilo Gemüse A   CHF   80.–
Materialkosten Verrechnungspreis für 100 Kilo Gemüse B   CHF 100.–

a) Ermitteln Sie die Äquivalenzziffern für die materialabhängigen und fertigungsabhängigen (zeitabhängigen) Kosten, ausgehend vom Faktor 1.0 für das Standarderzeugnis Gemüse A, 400-g-Dose.

Materialkosten   **Äquivalenzziffer**

Fertigungskosten

b) Im Januar 20_1 wurden folgende Dosen produziert:

Dosengrösse	Gemüse A	Gemüse B
400 Gramm	120000	60000
800 Gramm	40000	30000

Ermitteln Sie die Materialkosten, Fertigungskosten, Herstellkosten und Selbstkosten pro Dose bei folgenden Gesamtkosten (die Verwaltungskosten sind im Verhältnis zu den Herstellkosten zu verteilen):

Materialkosten (Ist-Kosten)	CHF	105000.–
Fertigungskosten	CHF	120000.–
Herstellkosten	CHF	225000.–
Verwaltungskosten	CHF	45000.–
Selbstkosten	**CHF**	**270000.–**

Aufgabe **7.03 Divisionskalkulation mit Äquivalenzziffern**

Ein Fertigungsbetrieb für Teigwaren stellt fünf verschiedene Sorten Teigwaren her. Abfüllgewicht (500 g) und Rezeptur sind identisch, jedoch sind die Produktionskosten infolge der verschiedenen Formen unterschiedlich.

Sorten	Produktionszeit in Minuten pro 1000 Kilo	Produzierte Pakete à 500 Gramm
Spaghetti	180	60 000
Nudeln	162	36 000
Makkaroni	216	12 000
Hörnli	225	24 000
Spiralen	198	12 000

a) Ermitteln Sie die Äquivalenzziffern für jede Sorte, wobei die Spaghetti den Basisfaktor von 1.0 bilden.

b) Ermitteln Sie die Fertigungskosten total pro Sorte und pro Paket. Gesamte Fertigungskosten CHF 60 000.–

c) Ermitteln Sie die Herstellkosten pro Paket. Gesamte Materialkosten CHF 86400.–

Aufgabe 7.04 Zuschlagskalkulation

Gemäss Betriebswirtschaft gelten für das Jahr 20_1 folgende Kalkulationssätze:

Kalkulationspositionen	Kalkulationssätze
Materialgemeinkosten (in % Einzelmaterial)	3 %
Fertigung I pro Personen-Std.	60.–
Fertigung II pro Personen-Std.	40.–
Verwaltungsgemeinkosten (in % HK)	20 %

Folgende Anfrage liegt vor:

Kundeninformationen   Menge 20 000 Stück
Preis netto CHF 0.50 pro Stück

Die AVOR (Arbeitsvorbereitung) ermittelt folgende Einsatzmittel:

– Rohstoff   50 kg pro 1000 Stück (Einstand pro kg CHF 2.–)

– Fertigung I   4 Std. pro 1000 Stück

– Fertigung II   2 Std. pro 1000 Stück

a) Stellen Sie eine Zuschlagskalkulation mit Ausweis des geplanten Ergebnisses auf.

b) Unter welchen Bedingungen würden Sie den Auftrag annehmen bzw. eine Preisänderung verlangen?

Aufgabe **7.05** **Zuschlagskalkulation**

Eine Planungsrechnung weist nach der Primärdatenerfassung und der Umlage der Vorkostenstellen folgende Zahlen auf:

Gemeinkosten

Kostenstelle	Kalkulationssätze	Menge/Kapazität	CHF
Einkauf	in % des Rohmaterials		180 000.–
Lagerhaus	pro Tonne Rohmaterial		300 000.–
Papieranlage 1	Maschinen-Std.	5000 Std.	3 000 000.–
Papieranlage 2	Maschinen-Std.	1200 Std.	480 000.–
Logistikbüro/Leitung	in % der Fertigungskosten Papieranlage 1+2		870 000.–
Verwaltungs-GK	in % der Herstellkosten		3 609 000.–

Einzelkosten

Rohmaterial	Gemäss Bezugsscheinen	6000 t	7 200 000.–

a) Ermitteln Sie die Kosten- und Zuschlagssätze.

Gesamtkalkulation

Kalkulationsposition	Berechnung	Total Kosten

b) Für die Kalkulation eines Auftrags Spezialpapier ermittelt die Arbeitsvorbereitung (AVOR) folgendes Mengengerüst:

20 Tonnen Rohmaterial (Bewertung zum Durchschnittswert)
24 Maschinen-Std. Papieranlage 1

Ermitteln Sie den Offertpreis, wenn die Marketingstelle einen Gewinn von 10 % vom Nettoerlös berechnet und eine Zahlungskondition von 2 % Skonto innert 30 Tagen gewährt wird (auf ganze Franken runden).

Einzelkalkulation (Offertpreisermittlung)

Kalkulationsposition	Berechnung	Total Kosten

Aufgabe **7.06 Zuschlagskalkulation mit Preisberechnung**

1. Kalkulationssätze

In einem Kunststoffspritzwerk gelten u. a. folgende Kalkulationssätze:

Spritzwerk 800-Tonnen-Maschine	CHF 120.– pro Maschinenstunde
Bedruckerei	CHF 60.– pro Personenstunde
Werkzeugkosten	10 % der Spritzwerkkosten Produktion (exkl. Einrichten)
Materialgemeinkosten	8 % vom Einzelmaterial
Verwaltungsgemeinkosten	20 % der Herstellkosten

2. Beschreibung des Fertigungsablaufs

Im Spritzwerk werden die Kunststoffteile auf einer entsprechend grossen Maschine (je nach Grösse der Teile) gespritzt. Dazu muss ein Werkzeug (Form) aufgespannt werden, das dem Kunden separat verrechnet wird. Das Werkzeug unterliegt einem Verschleiss, weshalb die Unterhaltskosten kalkulatorisch mit 10 % von den Spritzkosten (exkl. Einrichtkosten) abgedeckt werden. Anschliessend erfolgt die weitere Verarbeitung (Montieren, Schweissen, Lackieren, Bedrucken usw.) in verschiedenen Kostenstellen je nach Teilespezifikation.

3. Auftragsspezifikation

Aufgrund einer Kundenanfrage ermittelt die AVOR (Arbeitsvorbereitung) folgende Produktionsdaten pro 1000 Stück:

a) **Stückliste** (Materialeinsatz)
   200 Kilo Rohmaterial à CHF 5.–

b) **Operationsplan** (Arbeitsplan)

Kostenstelle	Einrichtzeit	Produktionszeit pro 1000 Stück
Spritzwerk 800-Tonnen-Maschine	10 Std.	15 M.-Std.
Bedruckerei	2 Std.	4 P.-Std.

4. Kundenangaben

Der Kunde verlangt eine Offerte pro 100 Stück für die Losgrössen 5000 und 10 000 Stück. Beide Losgrössen werden in einem Fertigungsauftrag abgearbeitet, d. h., die Einrichtkosten sind für beide Aufträge gleich.

5. Aufgabenstellung

a) Ermitteln Sie die losgrössenabhängigen Selbstkosten für 1000 Stück.

b) Ermitteln Sie die losgrössenunabhängigen Selbstkosten.

c) Ermitteln Sie aus den Ergebnissen gemäss a) und b) die Selbstkosten pro 100 Stück je Losgrösse.

d) Ermitteln Sie den Offertpreis pro 100 Stück für beide Losgrössen, wenn der Marketingleiter 10 % Gewinnzuschlag von den Selbstkosten vorgibt sowie ein Skonto von 4 % bei Bezahlung innerhalb 10 Tagen gewährt wird.

8 Normalkostenrechnung

Aufgabe **8.01** **Normalkostenrechnung mit BAB**

Vervollständigen Sie den Betriebsabrechnungsbogen aufgrund der folgenden Angaben (Zahlen in Tausend CHF, ausser Kostensätzen):

Materialgemeinkosten	10 % des Einzelmaterials
Fertigungsgemeinkosten	12 000 Std. à CHF 80.– Kostensatz
Verwaltungsgemeinkosten	30 % der HK der verkauften Erzeugnisse
Fertige Erzeugnisse	TCHF 2400 Herstellkosten
Bestandeszunahme Fertige Erzeugnisse	TCHF 90
Erlös	TCHF 3100

Betriebsabrechnungsbogen

Kostenarten		Kostenstellen			Kostenträger		
Text	Total	Material	Fertigung	Verw.	Unfert. Erz.	Fertige Erz.	Verk. Erz.
Einzelmaterial	1200				1200		
Div. Gemeinkosten	1800	115	985	700			
Primärkosten	3000	115	985	700	1200		
Umlage Materialstelle							
Umlage Fertigungsst.							
Fertige Erzeugnisse							
Verkaufte Erzeugnisse							
Umlage Verw.-Stelle							
Selbstkosten							
Erlös							
Kalkulierter Gewinn							
Bestandesänderung							
Deckungsdifferenzen							
Ist-Betriebsgewinn							

Aufgabe **8.02** **Normalkostenrechnung mit BAB (Merlot)**[1]

Carla und Andreas Berger betreiben im Tessin ein kleines Weingut und stellen zwei verschiedene Rotweine her:

- **Merlot Tavola:** einen Tischwein, welcher einige Monate in Stahltanks gelagert wird.
- **Merlot Riserva:** einen Qualitätswein, welcher in Eichenfässer gefüllt und anschliessend während ca. 18 Monaten im speziell dafür gebauten Keller gelagert (ausgebaut) wird.

1. Produktionsprozess

Die reifen Trauben werden von Hand gelesen, in der Maischerei zerdrückt und ein paar Tage lang liegen gelassen, bis der Gärprozess eingesetzt hat.

Danach wird die Flüssigkeit für den Merlot Tavola direkt in Stahlfässer abgefüllt und im Tanklager einige Monate gelagert, bis der Reifeprozess beendet ist.

Für die Herstellung des Merlot Riserva wird die Maische ausgepresst und in feste und flüssige Bestandteile getrennt. Die gewonnene Flüssigkeit wird in Eichenfässer abgefüllt und während ca. 18 Monaten im Weinkeller gelagert.

Nach dem Reifeprozess der Weine werden sie in der Abfüllerei in Flaschen abgefüllt, etikettiert und an ausgesuchte Weinhändler und Restaurants verkauft.

2. Allgemeine Angaben zur Betriebsabrechnung

- Das Unternehmen führt eine Betriebsbuchhaltung nach dem Normal-Vollkostenprinzip.
- Die Finanzbuchhaltung bewertet Halb- und Fertigerzeugnisse jeweils 10 % unter dem Einstandswert.
- Auf ganze Zahlen runden, ausser Einheitswerte.

3. Betriebsabrechnungsbogen

3.1 Primärartenrechnung

Einzelmaterial:	60 % Merlot Tavola, 40 % Merlot Riserva
Sozialkosten:	Die Betriebsbuchhaltung rechnet mit kalkulatorischen Sozialkosten von 15 % der Lohnkosten.
Abschreibungen:	In der Fibu wurden stille Reserven von CHF 3000 aufgelöst.
Zinsen:	Die Betriebsbuchhaltung rechnet mit einem Jahreszins von 2.5 % des betriebsnotwendigen Kapitals von CHF 760 000.

3.2 Abrechnung der Kostenstellen

Weinanbau/Weinlese:	35 % des Einzelmaterials
Maischerei:	Verrechnung in Maschinenstunden, Kostensatz CHF 60.00/h; Erfasste Maschinenstunden:
	Merlot Tavola: 50 Stunden
	Merlot Riserva: 100 Stunden

---

[1] Autorin dieser Aufgabe ist Gabriela Grünenwald, Fachfrau in Finanz- und Rechnungswesen mit eidg. Fachausweis

Tanklager (Merlot Tavola):	Verrechnung in Hektoliter (1 Hektoliter = 100 Liter), Kostensatz CHF 290.00 pro Quartal und Hektoliter. Im 4. Quartal wurden 15 Hektoliter Merlot Tavola im Tanklager gelagert.
Weinkeller (Merlot Riserva):	Verrechnung pro gelagertem Eichenfass, Kostensatz CHF 114.00 pro Quartal. Im 4. Quartal lagerten 45 Eichenfässer im Weinkeller.
Abfüllerei:	Verrechnung pro abgefüllte Flasche, Kostensatz CHF 5.80 Abgefüllte Flaschen: Merlot Tavola: 840 Stück Merlot Riserva: 590 Stück
Verwaltung:	Zuschlagsatz: 30 % der HK der verkauften Erzeugnisse

Bestandesänderungen Erzeugnisse

Die Bestandesänderungen an unfertigen und fertigen Erzeugnissen sind auf den Kostenträgern im Betriebsabrechnungsbogen bereits eingetragen.

4. Ihre Aufgabe

Erstellen Sie den Betriebsabrechnungsbogen (BAB) für das 4. Quartal gemäss den obigen Angaben.

Bis auf wenige Ausnahmen sind die Primärdaten bereits im BAB eingetragen.

BAB Weingut Berger (Merlot) – 4. Quartal

| Kostenarten | Sachliche Abgrenzung | | | Kostenstellen | | | | | | Kostenträger | |
Text	Aufwand Fibu	Sachliche Abgr.	Kosten Bebu	Weinanbau/ Weinlese	Maischerei	Tanklager	Weinkeller	Abfüllerei	Verwalt.	Merlot Tavola	Merlot Riseva
Einzelmaterial	58 000	0	58 000								
Lohnaufwand	28 000	0	28 000	16 800	2 800	1 400	1 400	2 800	2 800		
Sozialaufwand	3 640			2 520	420	210	210	420			
Abschreibungen	8 000			1 100	3 850	770	1 320	2 860			
Zinsaufwand	4 820			475	665	1 140	1 235	380			
Div. Betriebsaufwand	7 800	0		1 404	1 326	1 014	936	1 638			
Primärkosten				22 299	9 061	4 534	5 101	8 098			
Uml. Weinb./-lese											
Uml. Maischerei											
Uml. Tanklager											
Uml. Weinkeller											
Uml. Abfüllerei											
HK d. Produktion											
Best. Änd. Erz. i. A.										−54 688	−43 132
HK Fert. Erzeugnisse											
Best. Änd. Fert. Erz.										3 876	6 500
HK Verk. Erzeugnisse											
Uml. Verwaltung											
Selbstkosten											
Erlöse	−40 230	0	−40 230							−18 650	−21 580
Deckungsdifferenzen											
Erfolg											

Aufgabe **8.03 Normalkostenrechnung mit BAB (Snowart AG)**

1. Ausgangslage

Die Firma **Snowart AG** in Hinwil stellt hoch entwickelte Snowboards her. Um die Wirtschaftlichkeit besser zu beurteilen und Kalkulationsgrundlagen bereitzustellen und zu überprüfen, wurde beschlossen, ein betriebliches Rechnungswesen einzuführen. Die relevanten Zahlen für das 1. Quartal, die Sie als Betriebsbuchhalter gemäss Punkt 2 verarbeiten müssen, liegen vor.

Das Unternehmen stellt im eigenen Betrieb verschiedene Snowboards mit unterschiedlichen Leistungsmerkmalen her. Die verschiedenen Erzeugnisse werden innerhalb der Kostenrechnung in zwei Hauptgruppen gegliedert:

Freestyle-Boards (Halfpipe/Akrobatik/Sprünge). Bezeichnung «Freestyle»

Speed-Boards (Downhill/Slalom/Riesenslalom). Bezeichnung «Speed»

Der eigentliche Verarbeitungsprozess erfolgt in der Fertigungsstelle, während das Design in der eigenen Malerei ausgeführt wird.

2. Aufgabenstellung

Lösen Sie die Aufgabe in nachstehenden Schritten:

a) Erstellen der Nachtragsbuchungen in der Finanzbuchhaltung (siehe Punkt 3) auf der Vorlage Finanzbuchhaltung und Ausweis der Abschlusszahlen der Bilanz und Erfolgsrechnung.

b) Ausweis der sachlichen Abgrenzungen auf dem Betriebsabrechnungsbogen der Snowart AG gemäss den Nachtragsbuchungen der Vorlage Finanzbuchhaltung sowie gemäss Punkt 4.1 und der Kostenartenrechnung.

c) Erstellen der Normalkostenrechnung auf dem BAB der Snowart AG gemäss Punkte 4.2–4.4.

Formelles:

– alle Beträge in TCHF

– In der Finanzbuchhaltung werden die Material- und Erzeugnisbestände generell ⅓ unter den Einstandspreisen bzw. Herstellkosten (HK) bewertet.

– alle Zahlen auf ganze Beträge runden

– Abrechnungszeitraum 1. Quartal 20_1

3. Finanzbuchhaltung

Die Finanzbuchhaltung ist per 31. März 20_1 (1. Quartal) gebucht, und die entsprechende Saldobilanz ist auf der Vorlage Finanzbuchhaltung abgebildet. Die nachfolgenden Tatbestände sind auf der Vorlage Finanzbuchhaltung unter der Rubrik «Abschlussbuchungen» noch zu buchen.

a) Rohmaterialien und Erzeugnisse

Basis für diese Buchungen ist das Inventar per 31.3.20_1, bewertet nach betriebswirtschaftlichen Gesichtspunkten. Da sich die Bestände an unfertigen Erzeugnissen nur wenig verändern, wird für die Quartalsabrechnung kein Inventar erstellt.

Position	31.12.20_0	31.3.20_1	Bestandes-änderung
Rohmaterial	180	135	– 45
Fertige Erzeugn. Freestyle	210	120	– 90
Fertige Erzeugn. Speed	150	90	– 60
Total	540	345	–195

b) Abschreibungen und Zinsen

Für die zeitliche Abgrenzung in der Finanzbuchhaltung ist das Jahresbudget massgebend, das zeitproportional auf die einzelnen Monate verteilt wird.

Aufwand	Jahres-budget	
Abschreibungen	TCHF	144
Zinsen	TCHF	48

4. Betriebsbuchhaltung

4.1 Sachliche Abgrenzungen

Neben den unter Punkt 3 hervorgehenden sachlichen Abgrenzungen müssen noch folgende kalkulatorische Kostenarten berücksichtigt werden:

a) Die kalkulatorischen Sozialkosten betragen 20 % der Lohnkosten.

b) Die betriebsbuchhalterischen Abschreibungen betragen TCHF 180 p. a.

c) Die kalkulatorischen Zinsen betragen TCHF 60 p. a.

4.2 Ermittlung der Kostenstellen- und Kostenträgerbelastungen

a) Rohmaterial (Einzelmaterial)

Rohmaterial Freestyle	TCHF	400
Rohmaterial Speed	TCHF _____	(Restbetrag)
Total	TCHF _____	

b) Gemeinkosten

Tragen Sie die Restkosten zu den ermittelten Gemeinkostenarten in die Kostenstelle «Verwaltung» ein.

4.3 Verbuchung der Kostenstellenrechnung

a) Vorkostenstelle Gebäude

Die Ist-Kosten der Gebäudestelle sind aufgrund der beanspruchten Quadratmeter zu verteilen, wobei zu berücksichtigen ist, dass die Quadratmeter der Verwaltungsstelle gegenüber den übrigen Kostenstellen 10 % höher gewichtet werden (siehe Tabelle auf der Vorlage Finanzbuchhaltung).

b) Umlage der Hauptkostenstellen

Die Hauptkostenstellen werden mit folgenden Kalkulationssätzen (Bezugsgrössen) umgelegt:

– Materialstelle: 12 % vom Rohmaterial

– Fertigungsstelle
Die Fertigungsstelle wird mit einem Kostensatz von CHF 60.– verrechnet. Der Betrieb hat folgende direkte Stunden gemeldet:

Freestyle	3500 Std.
Speed	2750 Std.
Total	**6250 Std.**

– Bei der Kostenstelle «Malerei» werden die Ist-Kosten im Verhältnis zu den effektiv verarbeiteten Stückzahlen verteilt, wobei zu berücksichtigen ist, dass die Bemalung eines Freestyleboards 11 Minuten und eines Speedboards 10 Minuten beansprucht.

Freestyle	4000 St.
Speed	3600 St.
Total	**7600 St.**

– Die Verwaltungsstelle wird mit einem Zuschlagssatz von 20% der Herstellkosten umgelegt.

4.4 Erstellen der Kostenträgerrechnung

Erstellen Sie aufgrund der bisherigen Angaben die Kostenträgerrechnung und ermitteln Sie den kalkulierten Betriebsgewinn pro Erzeugnis sowie den Ist-Betriebsgewinn und den Betriebsgewinn der Finanzbuchhaltung.

Vorlage Finanzbuchhaltung

Konto	Vor Abschluss-buchungen		Abschlussbuchungen		Nach Abschluss-buchungen	
	Soll	Haben	Soll	Haben	Soll	Haben
Bilanz						
Kassa/Debitoren/TA	520					
Rohmaterialbestand	120					
Erzeugnisse	260					
Anlagevermögen	1240					
Kreditoren/TP		280				
Langfristiges Fremdkapital		850				
Eigenkapital		800				
Erfolgsrechnung						
Rohmaterial	620					
Lohnaufwand	670					
Sozialaufwand	140					
Abschreibungen	0					
Zinsen	10					
Verwaltungsaufwand						
Erlös Freestyle		1050				
Erlös Speed		600				
Bestandesänderung Erzeugnisse	0	0				
Total	**3580**	**3580**				

Gebäudeumlage (Punkt 4.3a)

Kostenstellen	Total m²	ÄZ	Einheiten	Belastung TCHF
Material	480			
Fertigung	840			
Malerei	480			
Verwaltung	800			
Total	**2600**			

Betriebsabrechnungsbogen Snowart AG

Kostenarten	Sachliche Abgrenzungen			Kostenstellen					Kostenträger			
Text	Fibu	Sachliche Abgrenz.	Kosten	Gebäude-stelle	Material-stelle	Fertig.-Stelle	Malerei	Verw.-Stelle	Prod. Freestyle	Prod. Speed	Verkauf Freestyle	Verkauf Speed
Rohmaterial												
Löhne				45	50	275	120					
Sozialaufwand/-kosten				9	10	55	24					
Abschreibungen				10	5	22	3					
Zinsen				3	1	8	1					
Total				67	66	360	148					
Umlage Gebäudestelle												
Umlage Materialstelle												
Umlage Fertigungsstelle												
Umlage Malerei												
Total Produktion												
Verkaufte Erzeugnisse												
Umlage Verwaltungsstelle												
Selbstkosten												
BÄ Erzeugnisse												
Erlös												
Deckungsdifferenzen												
Ergebnis												

Aufgabe **8.04** **Normalkostenrechnung (Firma Rutschi AG)**

1. Ausgangslage

Ausgangslage ist der provisorische Jahresabschluss der Firma **Rutschi AG** per 31.12.20_1 (alle Zahlen in Tausend CHF). Rutschi AG führt eine konventionelle Rechnungslegung, d.h., die Finanzbuchhaltung zeigt keinen Ausweis nach True-and-Fair-View.

Bilanz per 31.12.20_1

Flüssige Mittel	40	420	Kred./TP
Debitoren	1000	2040	übriges FK
Best. Rohmat.	700		
Best. Erzeugnisse	800		
Anlagen	2000	1600	Eigenkapital
	4540	4060	
		480	Gewinn

Erfolgsrechnung 20_1

Rohmaterial	3000	2800	Erzeugnis A
Löhne	2000	4700	Erzeugnis B
Abschreibungen	–		
Zinsen	120		
Übriger Aufwand	1900		
	7020	7500	
Gewinn	480	480	

2. Abschlussbuchungen der Finanzbuchhaltung

– Abschreibungen
Die Abschreibungen auf Anlagen werden mit TCHF 200 festgelegt.

– Rohmaterialaufwand
Der per 31.12.20_1 erfasste Rohmaterialeinkauf über TCHF 3000 wird jeweils dem Objekt «SA Rohmaterial» belastet. Die noch zu verbuchende echte Bestandeszunahme von TCHF 120 wird ebenfalls über das gleiche Objekt verbucht. Der sich daraus ergebende Rohmaterialverbrauch wird gemäss Punkt 4.1 den entsprechenden Kostenträgern angelastet. Die Finanzbuchhaltung bewertet die Bestände 33⅓% unter dem Einstandswert.

3. Bereinigung nach betriebswirtschaftlichen Gesichtspunkten

– Auf den Anlagen wurden TCHF 80 stille Reserven gebildet.

– Der kalkulatorische Zins beträgt TCHF 180.

4. Angaben zur Betriebsbuchhaltung

Die Werte aus der Erfolgsrechnung der Finanzbuchhaltung werden systematisch in die Objekte der Betriebsbuchhaltung verbucht. Innerhalb der Objekte der Betriebsbuchhaltung erfolgt die Kostenverrechnung nach betriebswirtschaftlichen Gesichtspunkten gemäss den Punkten 4.1 und 4.2. Bei Erzeugnis A wird auf die Führung eines Fertiglagers verzichtet.

4.1 Verbuchung Erlöse und Rohmaterialverbrauch

Der sich aus Punkt 2 ergebende tatsächliche Rohmaterialverbrauch wird wie folgt auf die Kostenträger verbucht:

Unfertige Erzeugnisse A	TCHF	1000
Unfertige Erzeugnisse B	TCHF	(Rest)
Total	TCHF	

4.2 Verbuchung der Gemeinkosten (Ist-Kosten)

Die Aufteilung der einzelnen Kostenarten auf die entsprechenden Objekte ist in nachfolgender Tabelle dargestellt (Werte in TCHF). Verbuchen Sie die Kostenarten pro Objekt.

Objekte	Kostenarten						
	Löhne	Übriger Aufw.	Abschr. Fibu	Abschr. Bebu	Zinsen Fibu	Zinsen Bebu	Total
Materialstelle	70	60		15		35	180
Fertigungsstelle 1	1000	865		60		75	2000
Fertigungsstelle 2	665	650		35		50	1400
Verwaltungsstelle	265	325		10		20	620
SA Abschreibungen			200				200
SA Zinsen					120		120
Total	2000	1900	200	120	120	180	4520

4.3 Umlage der Kostenstellen

a) Die Materialstelle wird mit 5 % des Einzelmaterials abgedeckt.

b) Die Fertigungsstellen werden zu Ist-Vollkosten umgelegt gemäss Stundenaufschreibung:

    Fertigungsstelle 1   30 000 Std. für Erzeugnislinie A
                             10 000 Std. für Erzeugnislinie B

    Fertigungsstelle 2   35 000 Std. für Erzeugnislinie B

c) Die Verwaltungsstelle wird mit 10 % der Herstellkosten abgedeckt.

4.4 Kostenträgerrechnung

Erzeugnisse A   Fertig erstellte und verkaufte Erzeugnisse im Herstellkostenwert von TCHF 2400

Erzeugnisse B   Verkaufte Erzeugnisse im Herstellkostenwert von TCHF 3600
                             Bestandeszunahme des Fertiglagers um TCHF 100

Die Finanzbuchhaltung bewertet die Erzeugnisse $\frac{1}{3}$ unter den Herstellkosten.

5. Aufgabenstellung

– Verbuchen der Geschäftsfälle auf der Lösungsvorlage Rutschi AG gemäss Aufgaben-punkt 2–4

– Erstellen der Bilanz und Erfolgsrechnung der Finanzbuchhaltung

– Absatz-Erfolgsrechnung mit allen möglichen Zwischenstufen

– Produktions-Erfolgsrechnung nach Kostenarten

– Kalkulieren Sie ein Erzeugnis B mit folgenden Spezifikationen:

  – Rohmaterial   CHF 2000.–

  – Fertigungsstelle 1   30 Std. Bearbeitung

  – Fertigungsstelle 2   10 Std. Bearbeitung

  – 5 % kalkulatorischer Gewinn von den Selbstkosten

  – 2 % Skonto

Wie hoch ist der Offertpreis?

Lösungsvorlage Rutschi AG

Objekte der Betriebsbuchhaltung

SA Rohmaterial	SA BÄ Erzeugnisse	SA Abschreibungen	SA Zinsen

Materialstelle	Fertigungsstelle 1	Fertigungsstelle 2	Verwaltungsstelle

Unfertige Erz. A	Unfertige Erz. B	Fertige Erzeugnisse B

Verkauf Erzeugnis A	Verkauf Erzeugnis B

Bilanz per 31.12.20_1

Flüssige Mittel		Kred./TP
Debitoren		Übriges FK
Best. Rohmat.		
Best. Erzeugnisse		
Anlagen		Eigenkapital

Erfolgsrechnung 31.12.20_1

Rohmaterial		Erzeugnis A
Löhne		Erzeugnis B
Abschreibungen		
Zinsen		
Übriger Aufwand		

◄——— **Gewinn Fibu** ———►

[1] Anfangsbestand TCHF 800 + **BZ 283** = $\frac{2}{3}$ von TCHF 242 (150 + 174 + 100) = **TCHF 1083**

Absatz-Erfolgsrechnung

Herstellkosten A		Erlös A
Herstellkosten B		Erlös B
Ergebnis n. HK A		
Ergebnis n. HK B		
Verwaltungsko. A		Ergebnis n. HK A
Verwaltungsko. B		Ergebnis n. HK B
Kalk. Betr. gew. A		
Kalk. Betr. gew. B		
UD Materialstelle		Kalk. Betr.-Gew.
UD Verwaltungsst.		
Ist-Gewinn Bebu		
SA Rohmaterial		Ist-Gewinn Bebu
SA Abschreib.		SA Zinsen
SA BÄ Erzeugnisse		
Gewinn Fibu		

Produktions-Erfolgsrechnung nach KA

		Erlös A
		Erlös B
		BZ Unfert. Erz. A
		BZ Unfert. Erz. B
Erz.-Ertrag		BZ Fert. Erz. B
Rohmaterial		Erz. Ertrag
Löhne		
Abschreibungen		
Zinsen		
Übriger Aufwand		
Ist-Gewinn Bebu		

Weiter wie Absatz-Erfolgsrechnung

Kalkulation

Rohmaterial

+ Mat. GK

   Fert. 1:

+ Fert. 2:

   Herstellkosten

+ VVGK:

   Selbstkosten

+ Kalk. Gewinn

   Netto-Verkaufspreis

+ .... Skonto

   Offertpreis

Aufgabe **8.05 Normalkostenrechnung mit Formularen (Jeanneret AG)**

Einleitung

Sie sind angefragt worden, der Firma Jeanneret AG in einer wirtschaftlich schwierigen Situation zu helfen. Jeanneret AG ist eine durch den Eigentümer, Claude Jeanneret, geführte, etablierte Buchbinderei mit knapp 50 Mitarbeitenden und bietet folgende Marktleistungen an:

- **Klassische Buchbinderei-Auftragsarbeiten.** Auftraggeber sind in diesem Geschäft vor allem Buchverlage, teilweise aber auch Grossunternehmen (für deren firmeneigene Druckerzeugnisse). Diese Marktleistung wird auftragsspezifisch erbracht, d.h. es entstehen unfertige Aufträge, welche nach Fertigstellung sofort den Kunden fakturiert werden.

- **Schulbedarf (Hefte, Notizbücher).** Diese Erzeugnisse werden direkt an grosse Ausbildungsinstitute oder über den Fachhandel verkauft. Zunehmend wenden sich auch mittlere und grosse Unternehmen direkt als Kunden an die Firma Jeanneret AG. Im Herstellungsprozess entstehen fertige Erzeugnisse.

Für das Geschäftsjahr 20_1 wurde erstmals eine Betriebsabrechnung nach **Normal-Vollkosten** vorbereitet, die nun abgeschlossen und mit einer Absatz-Erfolgsrechnung sowie einer Erfolgsrechnung der Finanzbuchhaltung ergänzt werden soll.

Betriebsabrechnung mit BAB für Geschäftsjahr 20_1

Die nachfolgenden Objekte auf der Vorlage «Sachliche Abgrenzung, Kostenstellen und Kostenträger Jeanneret AG» enthalten bereits die sachlich abgegrenzten Primärarten (Ausnahme: Einzelmaterial und Bestandesänderungen). Die zugrundeliegenden Kostensätze wurden vor einem Jahr aufgrund des Budgets 20_1 berechnet und können als fundiert betrachtet werden. Bewertungshinweis: in der Finanzbuchhaltung werden Bestände an Einzelmaterial, unfertigen Aufträgen und Erzeugnissen zu $2/3$ des betrieblich-objektiven Werts dargestellt.

Kostensätze

Kostenstelle	Bezugsgrösse	Kostensatz
Materialwirtschaft	Einzelmaterial	12% vom Einzelmaterial
Vorfertigung	Stunden	CHF 100.00
Buchbinderei	Stunden	CHF 75.00
Heftautomat	Stunden	CHF 520.00
Vertrieb und Verwaltung	Herstellkosten	7.5% der Herstellkosten

Ihre Aufgaben

Führen Sie aufgrund nachstehender Angaben folgende Arbeiten aus:
(auf ganze TCHF runden)

- Vervollständigen Sie das Objekt «Sachliche Abgrenzung Einzelmaterial» mit dem Eintrag des Einzelmaterialaufwands gemäss Finanzbuchhaltung.
- Rechnen Sie <u>alle</u> Kostenstellen sinngemäss ab.
- Rechnen Sie die Kostenträger sinngemäss ab. Verbuchen Sie, wo notwendig, die Bestandesänderungen. Fehlende Textzeilen sind zu ergänzen.

– Schliessen Sie die Objekte mit Ausweis der Ergebniszeilen bzw. Deckungsdifferenzen ab.

– Erstellen Sie eine Absatz-Erfolgsrechnung auf der Vorlage «Erfolgsrechnung Jeanneret AG». Die Textzeilen sind korrekt zu benennen. Deckungsdifferenzen und sachliche Abgrenzungen sind **detailliert** auszuweisen. Bei den Deckungsdifferenzen erfolgt eine Verteilung auf die zwei Kostenträger im Verhältnis der entsprechenden Bezugsgrössen.

– Erstellen Sie die Erfolgsrechnung der Finanzbuchhaltung auf der Vorlage «Erfolgsrechnung Jeanneret AG» zur Kontrolle.

1. Sachliche Abgrenzungen Einzelmaterial ergänzen

Für den Einzelmaterialaufwand der Finanzbuchhaltung ist zu berücksichtigen, dass der Einzelmaterialbestand im Berichtszeitraum zu Fibu-Werten von TCHF 532 auf TCHF 358 abgenommen hat. Falls Sie den Wert nicht ermitteln können, nehmen Sie einen Einzelmaterialaufwand Fibu von TCHF 4250 an.

2. Abrechnung der Kostenstellen und Kostenträger

a) Die angerechneten Kosten der «Internen Dienste» werden vollständig nach folgendem Schlüssel weiterverrechnet:
   – Materialwirtschaft   10 %
   – Vor-Fertigung   20 %
   – Buchbinderei   40 %
   – Heftautomat   20 %
   – Vertrieb & Verwaltung   10 %

b) Kostenstelle «Vor-Fertigung» hat folgende Stundenleistungen erbracht:
   – Für Kundenaufträge   4800 Stunden
   – Für Erzeugnisse Schulbedarf   5700 Stunden

c) Kostenstelle «Buchbinderei» hat folgende Stundenleistungen erbracht:
   – Für Kundenaufträge   22 200 Stunden
   – Für Erzeugnisse Schulbedarf   6400 Stunden

d) Kostenstelle «Heftautomat» hat nur Leistungen für Erzeugnisse Schulbedarf erbracht: 4200 Stunden

e) Der Bestand an unfertigen Kundenaufträgen hat um TCHF 177 abgenommen (betrieblich-objektive Bewertung).

f) Der Herstellkostenwert verkaufter Erzeugnisse Schulbedarf betrug TCHF 6832.

g) Die Verkaufserlöse sind bereits im BAB eingetragen.

Vorlage Sachliche Abgrenzung, Kostenstellen und Kostenträger Jeanneret AG

Sachliche Abgrenzungen «Einzelmaterial»	TCHF
Einzelmaterial Fibu	
Einzelmaterial Bebu	–4330
Sachliche Abgrenzung	

Sachliche Abgrenzungen «Gemeinkosten»	TCHF
Sozialleistungen Fibu	752
Übr. Betriebsaufw. Fibu	1019
Abschreibungen Fibu	1108
Zinsen Fibu	175
Kalk. Sozialleistungen	–748
Übr. Betriebsaufw. Bebu	–1009
Kalk. Abschreibungen	–1025
Kalk. Zinsen	–360
Sachliche Abgrenzung	–88

Sachliche Abgrenzungen «Bestandesänderung»	TCHF
BÄ Fibu Total	
BÄ Bebu Kundenaufträge	
BÄ Bebu Erzeugn. Schulb.	
Sachliche Abgrenzung	

Kostenstelle «Interne Dienste»	TCHF
Gemeinkosten Total	620
Total angerechnete Kosten	620
Umlage	
Deckungsdifferenz	

Kostenstelle «Materialwirtschaft»	TCHF
Gemeinkosten Total	494
Umlage Interne Dienste	
Total angerechnete Kosten	
Leistungsgutschrift	
Deckungsdifferenz	

Kostenstelle «Vor-Fertigung»	TCHF
Gemeinkosten Total	912
Umlage Interne Dienste	
Total angerechnete Kosten	
Leistungsgutschrift	
Deckungsdifferenz	

Kostenstelle «Buchbinderei»	TCHF
Gemeinkosten Total	2286
Umlage Interne Dienste	
Total angerechnete Kosten	
Leistungsgutschrift	
Deckungsdifferenz	

Kostenstelle «Heftautomat»	TCHF
Gemeinkosten Total	1849
Umlage Interne Dienste	
Total angerechnete Kosten	
Leistungsgutschrift	
Deckungsdifferenz	

Kostenstelle «Vertrieb & Verwaltung»	TCHF
Gemeinkosten Total	721
Umlage Interne Dienste	
Total angerechnete Kosten	
Leistungsgutschrift	
Deckungsdifferenz	

Kostenträger «Unfertige Kundenaufträge»	TCHF
Einzelmaterial	1080
Arbeiten Dritter	650
Subtotal Herstellkosten	
Herstellkosten Verkauf	
Bestandesänderung	
Saldo = 0	–

Kostenträger «Verkauf Kundenaufträge»	TCHF
Verkaufserlöse	–4340
Kalk. Betriebsergebnis	

Kostenträger «Erzeugnisse Schulbedarf»	TCHF
Einzelmaterial	3250
Subtotal Herstellkosten	
Herstellkosten Verkauf	
Bestandesänderung	
Saldo = 0	–

Kostenträger «Verkauf Erzeugn. Schulbedarf»	TCHF
Verkaufserlöse	–7524
Kalk. Betriebsergebnis	

Vorlage Erfolgsrechnung Jeanneret AG

Absatz-Erfolgsrechnung 20_1 in TCHF	Kunden- aufträge	Erzeugnisse Schulbedarf	TOTAL
Verkaufserlöse	– 4340	– 7524	– 11 864
Ist-Betriebsergebnis Bebu			
Ist-Betriebsergebnis Fibu			

Erfolgsrechnung Fibu	TCHF
Verkaufserlöse	
Bestandesänderungen	
Produktionsertrag	
Einzelmaterial	
Arbeiten Dritter	
Personalaufwand	3 740
Sozialleistungen	
Übriger Betriebsaufwand	
Abschreibungen	
Zinsaufwand	
Ergebnis Fibu	

3. Anwendungsfragen zur Betriebsabrechnung Jeanneret AG

Richtig oder falsch?

Notieren Sie bei jeder Aussage, ob Sie diese als richtig oder falsch bewerten. Formulieren Sie eine Begründung, wenn Sie eine Aussage als falsch taxieren: Was ist falsch, bzw. was wäre korrekt?

Aussage:	richtig/falsch

Durch den Tatbestand der sachlichen Abgrenzungen bei den Abschreibungen weist die Finanzbuchhaltung ein um TCHF 91 besseres Ergebnis aus als die Betriebsbuchhaltung.

Begründung, wenn die Aussage als falsch taxiert wurde:

Von den drei Fertigungskostenstellen muss die Situation bezüglich Kostendeckung bei der Kostenstelle «Buchbinderei» als dramatisch beurteilt werden.

Begründung, wenn die Aussage als falsch taxiert wurde:

Wenn die Kostenstelle «Heftautomat» 4250 Stunden verrechnet hätte, wäre die Unterdeckung um TCHF 26 reduziert worden.

Begründung, wenn die Aussage als falsch taxiert wurde:

Der VVGK-Zuschlag kann auch auf den Herstellkosten der Produktion angewandt werden, damit die Selbstkosten eindeutig kalkulierbar sind.

Begründung, wenn die Aussage als falsch taxiert wurde:

Bei hohen Überdeckungen auf Material- oder Fertigungsstellen besteht die Gefahr, dass die normal kalkulierten Herstellkosten zu hoch sind und damit die Lager zu hoch bewertet sein können.

Begründung, wenn die Aussage als falsch taxiert wurde:

Aufgabe **8.06** **Normalkostenrechnung in Formularform (Atlantis)**

1. Ausgangslage

Die Firma **Atlantis** zeigt einen provisorischen Geschäftsabschluss per 31.12.20_1 vor den Abschlussbuchungen. Alle Zahlen in TCHF ausser Einheitsangaben.

Die Finanzbuchhaltung bewertet die Bestände ⅓ unter dem Einstandswert bzw. den Herstellkosten.

Bilanz per 31.12.20_1				Erfolgsrechnung 20_1			
Flüssige Mittel	10	500	Fremdkapital	Rohmaterial	400	580	Erzeugnis A
Rohmat.-Best.	150			Div. GK	500	410	Erzeugnis B
Erzeugnisbest.	240			BÄ Erzeugnisse			BÄ Erzeugnisse
Anlagen	490	300	Eigenkapital				
	890	800			900	990	
		90	Gewinn			90	

2. Aufgabenstellung

– Erstellen Sie aufgrund von Punkt 3a die Buchungssätze auf der Vorlage «Buchungsjournal Atlantis».

– Verbuchen Sie aufgrund von Punkt 4.1 die Arten auf die entsprechenden Objekte der Vorlage «Betriebsbuchhaltung Atlantis».

– Verbuchen Sie die Betriebsbuchhaltung auf der Vorlage «Betriebsbuchhaltung Atlantis» gemäss den Angaben der Punkte 4.2–4.4.

– Erstellen Sie aufgrund von Punkt 3b die Buchungssätze für die Bestandesänderungen auf dem Buchungsjournal der Vorlage «Buchungsjournal Atlantis» und verbuchen Sie diese in der Betriebsbuchhaltung.

– Erstellen Sie auf der Vorlage «Bilanz und Erfolgsrechnung Atlantis» die Bilanz und Erfolgsrechnung der Finanzbuchhaltung sowie eine Absatz-Erfolgsrechnung.

3. Abschlussbuchungen in Finanzbuchhaltung

a) Rohmaterial

Das Unternehmen führt keine Materialbuchhaltung, weshalb der Materialeingang über das Rohmaterialaufwandkonto gebucht wird. Während bei den Materialarten für Erzeugnisse A keine Bestände bestehen, entstehen für die Materialarten Erzeugnisse B Bestandesänderungen, welche jeweils aufgrund des Inventarvergleichs festgestellt werden. Der Rohmaterialbestand beträgt nach betriebswirtschaftlicher Bewertung TCHF 165 (beachten Sie die Unterbewertung gemäss Punkt 1).

b) Bestandesänderungen Erzeugnisse

Die Bestandesänderungen, welche sich aus der Betriebsbuchhaltung ergeben, müssen in der Finanzbuchhaltung noch gebucht werden, jedoch zu den in Punkt 1 aufgeführten Bewertungen.

4. Betriebsbuchhaltung

Die Daten werden integriert für die Belange der Betriebsbuchhaltung aufbereitet. Weisen Sie die Daten in der Betriebsbuchhaltung pro Art zusammengefasst aus.

4.1 Artenrechnung

– Rohmaterialverbrauch gemäss Materialbuchhaltung: Für Erzeugnis A   TCHF 260
Für Erzeugnis B   TCHF Rest

– Im zusammengefassten Konto «Div. GK» der Finanzbuchhaltung wurden stille Reserven von TCHF 15 durch Überabschreibungen auf den Anlagen gebildet. Die Gemeinkosten sind auf der Kostenstellenrechnung bereits gebucht, ausser den sachlichen Abgrenzungen.

– Erlösrechnung gemäss Erfolgsrechnung der Finanzbuchhaltung

4.2 Kalkulationssätze

– Materialgemeinkosten   5 % vom Rohmaterial
– Fertigungsgemeinkosten   CHF 60.– pro Masch.-Std.
– Verwaltungsgemeinkosten   33⅓ % der Herstellkosten

4.3 Betriebsdatenerfassung der Fertigungsstelle

Abgearbeitete Maschinenstunden für Erzeugnisse A	2100 Std.
Abgearbeitete Maschinenstunden für Erzeugnisse B	1900 Std.
Total	**4000 Std.**

4.4 Kostenträgerrechnung

– Erzeugnisse A	Fertigstellung gemäss Eingangsjournal Fertiglager	TCHF	420
	Bestandesabnahme im Fertiglager	TCHF	30
– Erzeugnisse B	Fertig erstellte und verkaufte Erzeugnisse	TCHF	300
	Für Erzeugnisse B wird kein Fertiglager geführt.		

Vorlage «Buchungsjournal Atlantis»

Buchungsjournal

Transaktion	Soll (+)		Haben (−)		Betrag
Text	Konto	Objekt	Konto	Objekt	TCHF

Vorlage «Bilanz und Erfolgsrechnung Atlantis»

Bilanz 31.12.20_1			Erfolgsrechnung 20_1		
Flüssige Mittel	....	Fremdkapital	Rohmaterial	....	Erzeugnisse A
Rohmat.-Bestand	....		Div. GK	....	Erzeugnisse B
Erzeugnisbestand	....		BÄ Erzeugnisse	....	BÄ Erzeugnisse
Anlagen	....	Eigenkapital			
	32 ◄──── Gewinn ────► 32				

Absatz-Erfolgsrechnung

Text	Erzeugn. A	Erzeugn. B	Total
Erlös			
HK verkaufte Erzeugnisse			
Kalk. Ergebnis nach HK			
Verwaltungsstelle			
Kalk. Betriebsergebnis			
UD Materialstelle			
UD Fertigungsstelle			
ÜD Verwaltungsstelle			
IST-Betriebsergebnis			
SA			
Gewinn Finanzbuchhaltung			

Vorlage «Betriebsbuchhaltung Atlantis»

Betriebsbuchhaltung

Sachliche Abgrenzungen	
Text (Art)	TCHF
Rohmaterial	
Diverse GK	
BÄ Erzeugnisse	
Saldo	

Materialstelle	
Text (Art)	TCHF
Diverse GK	32
Umlage	
Unterdeckung	

Fertigungsstelle	
Text (Art)	TCHF
Diverse GK	243
Umlage	
Unterdeckung	

Verwaltungsstelle	
Text (Art)	TCHF
Diverse GK	210
Umlage	
Überdeckung	

Unfertige Erzeugnisse A	
Text (Art)	TCHF
Rohmaterial	
Materialstelle	
Fertigungsstelle	
Fertige Erzeugnisse	
BÄ Erzeugnisse	

Unfertige Erzeugnisse B	
Text (Art)	TCHF
Rohmaterial	
Materialstelle	
Fertigungsstelle	
Verkaufte Erzeugn.	
BÄ Erzeugnisse	

Fertige Erzeugnisse A	
Text (Art)	TCHF
Fertig Erzeugnisse	
Verkaufte Erzeugn.	
BÄ Erzeugnisse[2)]	

Verkauf Erzeugnisse A	
Text (Art)	TCHF
HK verkaufte Erz.	
Verwaltungsstelle	
Selbstkosten	
Erlös	
Kalk. Verlust	

Verkauf Erzeugnisse B	
Text (Art)	TCHF
HK verkaufte Erz.	
Verwaltungsstelle	
Selbstkosten	
Erlös	
Kalk. Gewinn	

Aufgabe **8.07 Normalkostenrechnung mit integrierter Führung zu HB 1 und HB 2 nach True-and-Fair-View (Werak AG)**

1. Ausgangslage

Reto Weber und Kurt Artho, zwei innovative Unternehmer, haben das vor einigen Jahren gegründete Unternehmen **Werak AG**, Solartechnik, zu einer stattlichen Grösse entwickelt. Werak produziert und verkauft **Solarpanels** zur Gewinnung von Sonnenenergie. Dieses Erzeugnis wird in den Abteilungen Beschichtung und Montage hergestellt; dabei entstehen keine Halberzeugnisse, sondern direkt das Enderzeugnis.

Aufgrund zunehmender Nachfrage wurde die Sparte **Solarsysteme** aufgebaut. In dieser noch jungen Sparte werden in der Abteilung Systembau kundenspezifische Lösungen konstruiert und verkauft. Dazu werden sowohl eigene Fertigerzeugnisse als auch Drittmaterial (Steuerungs- und Antriebstechnik) eingesetzt.

Das rasche Wachstum des Unternehmens ist dank einer Finanzierungslösung der Industrie-Kreditbank ermöglicht worden. Diese Bank erwartet eine Rechnungslegung nach True-and-Fair-View und erhält halbjährlich einen Abschluss, der nach den Stufen HB 2 (True and Fair) und HB 1 (statutarisch) dargestellt ist. Die Werak AG führt ein integriertes betriebliches Rechnungswesen nach Methode Normalkosten.

Sie finden die in der Finanz- und Betriebsbuchhaltung verbuchten Werte für Januar bis Mai des Jahres 20_1 auf den Vorlagen «Erfolgsrechnung, Betriebsbuchhaltung, Kostenstellen und -träger Werak AG».

2. Aufgaben

a) Bilden Sie auf den Vorlagen «Erfolgsrechnung, Betriebsbuchhaltung, Kostenstellen und -träger Werak AG» den Buchungsverkehr für den Monat Juni gemäss den nachfolgenden Angaben in der Finanz- und Betriebsbuchhaltung ab.

b) Erstellen Sie auf der Vorlage «Erfolgsrechnung Werak AG» den Halbjahresabschluss der Finanzbuchhaltung.

c) Erstellen Sie auf der Vorlage «Erfolgsrechnung Werak AG» eine Absatz-Erfolgsrechnung mit folgenden Stufen:

  – Ausweis des kalkulierten Betriebsergebnisses pro Profit-Center

  – Ausweis des Ist-Ergebnisses pro Profit-Center. Die nicht spezifischen Kostenstellen sind im Verhältnis des Erlöses zusammengefasst (siehe Zeile «Übrige Deckungsdifferenzen») auf die beiden Profit-Center zu verteilen.

  – Überleitung zu den Ergebnissen der Finanzbuchhaltung HB 2 und HB 1

d) Kalkulieren Sie auf der Vorlage «Kalkulation Werak AG» den Preis für ein kundenspezifisches Solarsystem aufgrund der Angaben in Punkt 6.

Formelles: – runden auf ganze Zahlen

  – alle Zahlen in CHF 1000 (TCHF), ausser Einheitswerte

3. Buchungsverkehr Juni

Finanzbuchhaltung und kalkulatorische Kostenarten

a) Erlöse

Solarpanels	TCHF	1189
Solarsysteme	TCHF	626
Total	**TCHF**	**1815**

b) Rohmaterialaufwand

Für Solarpanels	TCHF	638
Für Solarsysteme	TCHF	202
Total	**TCHF**	**840**

c) Bestandesänderungen

Die Bestandesänderungen müssen mit der Abrechnung der Kostenträger ermittelt und dann verbucht werden (Punkt 5).

d) Löhne in TCHF

Infrastruktur	Materialwirt.	Beschichtung	Montage	Systembau	Vertr. & Verw.	Total
6	24	105	200	106	42	483

e) Sozialleistungen

Belastung in der Finanzbuchhaltung TCHF 70

In der Betriebsbuchhaltung werden die Sozialleistungen mit 15 % der Löhne kalkuliert und verbucht.

f) Übriger Aufwand in TCHF

Infrastruktur	Materialwirt.	Beschichtung	Montage	Systembau	Vertr. & Verw.	Total
9	5	21	15	17	8	75

g) Abschreibungen HB 2 und kalkulatorische Abschreibungen

Abschreibungen Finanzbuchhaltung HB 2 TCHF 95

Die in der Betriebsbuchhaltung belasteten Werte betragen:

Infrastruktur	Materialwirt.	Beschichtung	Montage	Systembau	Vertr. & Verw.	Total
6	6	37	33	8	8	98

h) Zusatz-Abschreibungen HB 1

Für das gesamte Halbjahr im Juni zu buchen TCHF 105

i) Zinsaufwand und kalkulatorische Zinsen

Zinsaufwand Finanzbuchhaltung TCHF 26

Kalkulatorische Zinsen Betriebsbuchhaltung

Infrastruktur	Materialwirt.	Beschichtung	Montage	Systembau	Vertr. & Verw.	Total
2	3	22	16	10	7	60

4. Abrechnung Kostenstellen

a) Infrastruktur

Infrastruktur wird pro m^2 und Monat mit CHF 20.– abgerechnet. Verteilung m^2:

Infrastruktur	Materialwirt.	Beschichtung	Montage	Systembau	Vertr. & Verw.	Total
0	160	100	360	300	230	1150

b) Materialwirtschaft

Materialwirtschaft wird als Zuschlag von 6 % auf dem Einzelmaterial abgerechnet.

c) Beschichtung/Montage/Systembau

Der Stundensatz pro Abteilung ist aufgrund der verrechneten Kosten Januar – Mai zu ermitteln und zur Abrechnung der Juni-Arbeitsleistung zu verwenden.

Kostenstelle	Stunden Januar–Mai	Kosten TCHF Januar–Mai	Stundensatz CHF	Stunden Juni	Verr. Kosten Juni (TCHF)
Beschichtung	5 280			1210	
Montage	16 800			3850	
Systembau	8 400			1700	

d) Vertrieb/Verwaltung

Vertrieb und Verwaltung wird mit 5 % des Verkaufserlöses abgerechnet.

5. Abrechnung Kostenträger/Wertberichtigungen HB 1

a) Solarpanels

Daten zu den Herstellkosten der Produktion Solarpanels Monat Juni 20_1

- Anzahl produzierte Solarpanels total   1100 Stück
- Bezug für Aufträge Solarsysteme   100 Stück
- Zunahme Fertiglager Solarpanels   TCHF 16
- Rest: Herstellkosten verkaufter Solarpanels

Berechnen Sie die durchschnittlichen Herstellkosten pro Stück, und verbuchen Sie die Abrechnung des Kostenträgers. Hinweis: Die Finanzbuchhaltung bucht die Bestandesänderung True and Fair aufgrund des Nachweises der Betriebsbuchhaltung.

b) Solarsysteme

Der Wert an «Unfertigen Solarsystemen» hat im Juni um effektiv TCHF 130 abgenommen. Die Finanzbuchhaltung bucht «True and Fair».

c) Wertberichtigung auf Warenbeständen HB 1

Im HB-1-Abschluss der Finanzbuchhaltung werden die Warenbestände um ⅓ unterbewertet, die Verbuchung erfolgt im Juni für das erste Halbjahr.

Rohmaterial: Der Rohmaterialbestand hat gemäss Materialbuchhaltung im ersten Halbjahr um TCHF 36 zugenommen.

Fertigerzeugnisse und angefangene Arbeiten: Der zu verbuchende Wert ist aus den gegebenen Angaben abzuleiten.

6. Kalkulation eines kundenspezifischen Solarsystems

Einem neuen Kunden wird ein Solarsystem angeboten, das zusätzliche Bearbeitung an den benötigten Solarpanels erfordern wird. Die Abteilung Systembau hat folgendes Mengengerüst für die Offerte vorbereitet:

- 200 TCHF Kosten für Rohmaterial
- 400 Stück Solarpanels
- 160 Stunden zusätzliche Bearbeitung Beschichtung
- 250 Stunden zusätzliche Bearbeitung Montage
- 300 Stunden Systembau

Aufgrund des Projektrisikos soll mit dem offerierten Verkaufspreis ein kalkulierter Betriebsgewinn von 10 % auf dem Erlös erwirtschaftet werden.

Kalkulieren Sie den Verkaufspreis in TCHF (auf ganze Zahlen runden).

Vorlage «Erfolgsrechnung Werak AG»

Erfolgsrechnung der Finanzbuchhaltung

| | Monate 1–5/20_1 | | Monat 6/20_1 | | Monate 1–6/20_1 | |
	Soll	Haben	Soll	Haben	Soll	Haben
Erlös Solarpanels	–	5040				
Erlös Solarsysteme	–	2360				
BÄ Solarpanels HB 2	81	–				
BÄ Unf. Solarsysteme HB 2	–	340				
WB Unf. Erzeugn./Systeme HB 1	–	–				
Rohmaterial	3720	–				
WB Rohmaterialbestand HB 1	–	–				
Löhne	2120	–				
Sozialleistungen	325	–				
Übriger Aufwand	368	–				
Abschreibungen HB 2	460	–				
Zusatz-Abschreibungen HB 1	–	–				
Zinsaufwand	130	–				
Ergebnis Fibu HB 1	**536**					
Summe	7740	7740				

Absatz-Erfolgsrechnung

| | Januar–Juni 20_1 | | |
	Solarpanels	Solarsysteme	Total
Erlös			
Kalkulierte Selbstkosten			
Kalkuliertes Betriebsergebnis			
Deckungsdifferenz Beschichtung			
Deckungsdifferenz Montage			
Deckungsdifferenz Systembau			
Übrige Deckungsdifferenz			
Effektives Betriebsergebnis Bebu			
Sachliche Abgrenzungen HB 2			
Ergebnis Fibu HB 2			
Sachliche Abgrenzungen HB 1			
Ergebnis Fibu HB 1			

Vorlage «Betriebsbuchhaltung Werak AG»

Betriebsbuchhaltung

SA WB Rohmat.-Best. HB 1		SA WB Unf. Erz./Syst. HB 1	

SA Sozialleistungen		SA Abschreibung HB 2	
325	319	460	475

SA Zusatz-Abschr. HB 1		SA Zinsen	
		130	303

KST Infrastruktur		KST Materialwirtschaft	
123	115	233	223

KST Beschichtung		KST Montage	
878	887	1307	1344

Vorlage «Kostenstellen und -träger Werak AG»

KST Systembau	
771	756

KST Vertrieb und Verwaltung	
388	370

KTR Fertigerz. Solarpanels	
5182	5263
BÄ 81	

KTR Unfertige Solarsysteme	
1748	1408
	340 BÄ

KTR Verkauf Solarpanels	
4759	5040

KTR Verkauf Solarsysteme	
2282	2360

Vorlage «Kalkulation Werak AG»

Kalkulation kundenspezifisches Solarsystem

	Menge	Ansatz	TCHF
Drittmaterial			
Material-GK			
Solarpanels			
Beschichtung			
Montage			
Systembau			
Herstellkosten			
V + V GK			
Selbstkosten			
Kalkulierter Betriebsgewinn			
Kalkulierter Verkaufspreis			

9 Teilkostenrechnung auf Ist- und Normalkostenbasis

Aufgabe **9.01** **Kostenauflösung, Kostensatzermittlung**

Die Kostenstelle «Werkzeugbau» mit 5 Werkzeugmaschinen weist folgende Kosten aus:

Geplante Beschäftigung 9600 Maschinenstunden pro Jahr

Kostenarten	Total	Variator	Variabel	Fix
Löhne	480 000			
Sozialkosten	120 000			
Abschreibungen	220 000			
Zinsen	100 000			
Unterhaltskosten	200 000			
Verwaltungskosten	10 000			
Total Primärkosten	1 130 000			
Umlage Gebäude	30 000			
Umlage Stromstelle	40 000			
Total	1 200 000			
Kostensatz				

Alle Kosten sind fix, ausser

a) Löhne

Eine Untersuchung hat ergeben, dass bei einer Steigerung des Beschäftigungsgrads um 20 % die Lohnkosten um 10 % steigen.

b) Sozialkosten

Werden gleich aufgelöst wie die Löhne.

c) Unterhaltskosten

Die Unterhaltskosten werden zu 80 % als variabel und zu 20 % als fix geschätzt.

d) Umlage Stromstelle

Eine Analyse der Energiekosten hat ergeben, dass die Kosten bei der Grundplanbeschäftigung von 9600 Stunden CHF 40 000.– betragen und bei einer Beschäftigung von 12 000 Stunden CHF 45 000.–.

Aufgabe

Ermitteln Sie die variablen und fixen Kosten sowie die Kostensätze pro Maschinenstunde. Bestimmen Sie den Variator in der dafür vorgesehenen Spalte.

Aufgabe 9.02 Kostenauflösung, Kostensatzermittlung

Nehmen Sie auf untenstehender Tabelle die Kostenauflösung vor und ermitteln Sie die Kostensätze.

KST 251 Lackiererei				Grundplan 20_1	
Grundplanbeschäftigung 12 000 Personenstunden pro Jahr					
Kostenart	Text	Grund-plan CHF	Variator	Kostenauflösung	
				Variabel	Fix
4000	Löhne	500 000	9		
4220	Betriebsmaterial	18 000	6		
4270	Energiekosten	12 000	10		
4310	Unterhaltskosten	22 000	5		
5501	Kalk. Abschreibungen	98 000	0		
5601	Kalk. Zins	46 000	0		
5621	Kalk. Sozialkosten	120 000	9		
	Total	816 000			
	Kostensatz				

Aufgabe 9.03 Kostenauflösung, Kostensätze

Füllen Sie die leeren Felder aus und bestimmen Sie die Kostensätze pro Maschinenstunde.

Geplante Beschäftigung 4000 Maschinenstunden pro Jahr

Kostenarten	Total	Variator	Variabel	Fix
Lohnkosten	160 000	7		
Energiekosten			18 000	2 000
Unterhaltskosten		6	7 200	
Betriebsmaterial		8	6 400	
Wasserverbrauch		6		1 600
Verwaltungskosten	10 000			10 000
Total				
Kostensatz				

Aufgabe 9.04 Normalkostenrechnung auf Teilkostenbasis (Parfumo)

1. Allgemeine Grundlagen

1.1 Beschreibung des Unternehmens

Das Unternehmen **Parfumo** kauft in grossen Mengen Parfüms der Marken «Roma» und «Milano» ein und füllt sie an der Kostenstelle «Abfüllerei» in verschieden grosse Fläschchen ab. Dieser Prozess wird mit einer Grenzkostenrechnung auf Normalkostenbasis abgebildet, wobei die Kalkulationssätze aufgrund der Planungsrechnung ermittelt werden.

1.2 Formalitäten

– Alle Zahlen verstehen sich in Tausend CHF (TCHF), ausser die Einheitssätze.

– Alle Zahlen sind auf ganze Einheiten zu runden (Einheitssätze auf 5 Rappen).

1.3 Rechnungswesen

Die Finanzbuchhaltung ist für den Abrechnungsmonat Januar per 31.1.20_1 fertig gebucht, ausser den Bestandesänderungen «Erzeugnisse» (siehe 4.1). Dabei ist zu berücksichtigen, dass die Finanzbuchhaltung die Bestände ⅓ unter den Grenzkosten bewertet.

In der Betriebsbuchhaltung sind die Ist-Kosten auf den Kostenstellen- und Kostenträgern erfasst. Einzig die sachlichen Abgrenzungen müssen noch verbucht werden (siehe 5c). Da die Durchlaufzeit kurz und kontinuierlich ist, wird während des Jahres kein Konto «Unfertige Erzeugnisse» geführt.

2. Jahresplanung (Budget) für 20_1

Text	Bezugsgrösse	Status	Total	Roma	Milano
Einzelmaterial			1200	800	400
Materialstelle	In % Rohmaterial	fix	60	40	20
Abfüllstelle	pro Maschinen-Std.[1]	Variator 5[2]	320	240	80
Herstellkosten			1580	1080	500
Verwaltungsstelle	In % der HK	fix	395	270	125
Selbstkosten			1975	1350	625
Nettoerlös			− 2100	− 1450	− 650
Gewinn (− = Gewinn)			− 125	− 100	− 25

[1] Total gemäss Jahresplanung 4000 Maschinenstunden.

[2] Variator 5 besagt, dass 50 % der Kosten variabel sind (und demnach 50 % fix).

3. Finanzbuchhaltung

Stand vor Verbuchung der Bestandesänderungen Erzeugnisse

Bilanz 31. 12. 20_1

EM-Bestand	40	521	Div. Pass.
Erzeugnisse	74		
Div. Aktiven	400		
	514	521	
Verlust	7		
	521	521	

Erfolgsrechnung Januar 20_1

Einzelmaterial (EM)	100	120	Erlös Roma
Gemeinaufwand	77	50	Erlös Milano
	177	170	
		. 7	Verlust
	177	177	

4. Betriebsdatenerfassung

4.1 Inventar zu betriebswirtschaftlichen Einstandswerten bzw. Grenzkosten

Text	Bestand 31. 12. 00	Bestand 31. 1. 01	Bestandesänd. Jan.
Unfertige Erzeugnisse	18	18	0
Fertige Erzeugn. «Roma»	50	54	+ 4
Fertige Erzeugn. «Milano»	40	45	+ 5
Total	108	117	+ 9

4.2 Stundenerfassung Abfüllstelle

Im Monat Januar wurden folgende Maschinenstunden gemeldet:

Für «Roma»	200
Für «Milano»	100
Total Maschinenstunden	**300**

5. Aufgabenstellung

a) Ermitteln Sie aufgrund der Jahresplanung die Kalkulationssätze.

Kalkulationssätze

Text	Bezugsgrösse	Status	Total	Variabel	Fix
Materialstelle	In % Rohmaterial	fix			
Abfüllstelle	Pro Maschinen-Std.	Variator 5			
Verwaltungsstelle	In % der HK	fix			

b) Ermitteln Sie die Bestandesänderung der Finanzbuchhaltung (siehe 4.1) und erstellen Sie anschliessend die Schlussbilanz und Erfolgsrechnung der Finanzbuchhaltung.

Bilanz und Erfolgsrechnung

Bilanz 31.12.20_1

Einzelmat.-Bestand	Diverse Pass.
Erzeugnisse	
Diverse Aktiven	
Verlust	

Erfolgsrechnung Januar 20_1

Einzelmaterialaufw.	Erlös Roma
Gemeinaufwand	Erlös Milano
	BZ Erzeugnisse
	Verlust

c) Der Unterschied zwischen den Aufwandarten der Finanzbuchhaltung und den Kostenarten der Betriebsbuchhaltung ist auf die unterschiedliche Bewertung zurückzuführen. Verbuchen Sie diese Differenz auf den entsprechenden Konten.

d) Verbuchen Sie die Kostenstellen- und Kostenträgerrechnung gemäss den bisherigen Angaben (siehe Punkt 4).

Betriebsbuchhaltung

SA Einzelmaterial

SA Gemeinkosten

SA Erzeugnisse

Materialstelle

GK	7

Abfüllstelle

GK	28

Verwaltungsstelle

GK	36

Fertige Erzeugnisse Roma	
EM	72

Fertige Erzeugnisse Milano	
EM	32

Verkaufte Erzeugnisse Roma	

Verkaufte Erzeugnisse Milano	

e) Erstellen Sie die Erfolgsrechnung. Die Verteilung der Restkosten der Kostenstellen auf die Kostenträger erfolgt gemäss dem Belastungsverhältnis der Plankostenrechnung (siehe Punkt 2).

Erfolgsrechnung

Text	Total	Roma	Milano
Erlös			
Deckungsbeitrag			
Ergebnis nach HK			
Ist-Betriebs			
Finanzbuchhaltung			

Aufgabe **9.05 Normalkostenrechnung auf Teilkostenbasis (Grenz AG)**

1. Planungsrechnung

Die **Grenz AG** rechnet die Normalkosten jeweils aufgrund der Jahresplanung ab. Diese sieht für das Jahr 20_1 wie folgt aus (alle Zahlen in Tausend CHF):

Kalkulationsposition	Bezugsgrössen	Total	Fix	Variabel
Einzelmaterial		320	–	320
Materialgemeinkosten	in % Einzelmaterial	8	8	–
Einzellöhne Fertigungsstelle 1		400	–	400
GK Fertigungsstelle 1	in % Einzellöhne	360	200	160
Fertigungsstelle 2	3600 Masch.-Std.	180	120	60
Herstellkosten		1268	328	940
Verwaltungskosten	in % Herstellkosten	317	317	–
Selbstkosten		1585	645	940
Erlös		– 1700		– 1700
Betriebsgewinn/DB		– 115		– 760

2. Ist-Kostenrechnung und Abrechnung

Die Ist-Kostenrechnung ist in den Lösungsvorlagen bereits verbucht. Da die Durchlaufzeit sehr kurz ist, wird auf die Führung der unfertigen Erzeugnisse verzichtet. Die Bestandesänderung des Fertiglagers wird wie folgt bewertet:

Zu Herstellkosten Zunahme	TCHF 22
Zu Grenzkosten Zunahme	TCHF 10
Finanzbuchhaltung Abnahme[1]	TCHF 18

Der Erlös beträgt TCHF 1600

[1] Es ist ohne Weiteres möglich, dass die Finanzbuchhaltung eine Bestandesabnahme bucht, obwohl die Betriebsbuchhaltung eine Bestandeszunahme zeigt. Die Differenz zur jeweiligen betriebsbuchhalterischen Bewertung ist eine Bildung von stillen Reserven.

3. Aufgabenstellung

a) Erstellen Sie die Abrechnung zu Grenzkosten.

Lösungsvorlage 1: Abrechnung zu Grenzkosten

Kostenarten		SA	Kostenstellen				Kostenträger	
Text	Auf-wand	Abgr.	Material-GK	Ferti-gungs-stelle 1	Ferti-gungs-stelle 2	VVGK	Fertige Erzeug-nisse	Verkauf-te Er-zeugnisse
Total Primärkosten	1412	+ 4	9	320	162	295	280 EM[1] 350 EL[1]	
Umlage Materialgemeinkosten								
Umlage Fertigungsstelle								
Umlage Fertigungsstelle 2								
3000 Maschinen-Std. •								
Grenzkosten Produktion								
Grenzkosten Verkauf								
Erlös								
Deckungsbeitrag								
Bestandesänderung								
Verrechnung Restkosten								
Ist-Betriebsgewinn								
SA Aufwand								
SA Erzeugnisse								
Gewinn Finanzbuchhaltung								

[1] EM = Einzelmaterial / EL = Einzellöhne

b) Erstellen Sie die Abrechnung zu Vollkosten.

Lösungsvorlage 2: Abrechnung zu Vollkosten

Kostenarten		SA	Kostenstellen				Kostenträger	
Text	Auf-wand	Abgr.	Material-GK	Ferti-gungs-stelle 1	Ferti-gungs-stelle 2	VVGK	Fertige Erzeug-nisse	Verkauf-te Er-zeugnisse
Total Primärkosten	1412	+ 4	9	320	162	295	280 EM[1] 350 EL[1]	
Umlage Mat.-gemeinkosten								
Umlage Fertigungsstelle 1								
Umlage Fertigungsstelle 2								
3000 Maschinen-Std. •								
Herstellkosten Produktion								
Herstellkosten Verkauf								
Verw.-Gemeinkosten								
Selbstkosten								
Erlös								
Kalkulierter Gewinn								
Bestandesänderung								
Verrechnung Deckungsdifferenzen								
Ist-Betriebsgewinn								
SA Aufwand								
SA Erzeugnisse								
Gewinn Finanzbuchhaltung								

[1] EM = Einzelmaterial / EL = Einzellöhne

c) Begründen Sie die Differenz zwischen dem Ist-Betriebsgewinn gemäss Grenz- und Vollkostenrechnung.

d) Erstellen Sie die Erfolgsrechnung der Finanzbuchhaltung.

Erfolgsrechnung Finanzbuchhaltung

Aufwand		Erlös
BA Erzeugnisse		
Gewinn		

Aufgabe   **9.06   Mehrstufige Deckungsbeitragsrechnung (Alfag)**

1. Ausgangslage

Die erste Stufe der Erfolgsrechnung des Unternehmens **Alfag** zeigt gemäss Kostenträgerrechnung folgendes Bild (in TCHF):

Text	Artikel A	Artikel B	Artikel C	Artikel D	Total
Nettoerlös	2400	3600	4000	8000	18000
– variable Materialkosten	600	800	1200	4000	6600
– variable Fertigungskosten	400	400	800	1600	3200
DB 1	1400	2400	2000	2400	8200

2. Angaben zu den Fixkosten

a) Auftragsfixkosten

Direkt den einzelnen Erzeugnissen belastete Einricht- und Anfahrtskosten:

Artikel A	TCHF	100
Artikel B	TCHF	200
Artikel C	TCHF	400
Artikel D	TCHF	200
Total	TCHF	900

b) Materialgemeinkosten

Die Materialgemeinkosten decken den Materialeinkauf und die Materiallagerung ab und betragen gemäss Kostenstellenrechnung TCHF 600 (alles Fixkosten).

c) Fertigungsgemeinkosten

Die einzelnen Fertigungsstellen weisen gemäss Kostenstellenrechnung folgende Fixkosten aus (die gearbeiteten Stunden pro Artikelgruppe stammen aus der Betriebsdatenerfassung):

Kostenstelle	Total TCHF	Stunden			
		A	B	C	D
Fertigungsstelle 1	400	6000			
Fertigungsstelle 2	1000		12000	8000	
Fertigungsstelle 3	800				10000
Fertigungsstelle 4[1]	800				

[1] Die Fertigungsstelle 4 ist die AVOR, die keine Stunden aufschreibt. Schlüsselung der Kosten der Fertigungsstelle 4 aufgrund der totalen Fertigungsstunden für die einzelnen Artikel (siehe Fertigungsstellen 1 bis 3).

d) Vertriebsgemeinkosten

Die Vertriebsgemeinkosten umfassen folgende Kostenstellen:

Marketingstelle für A	TCHF	200
Marketingstelle für B	TCHF	400
Marketingstelle für C/D	TCHF	600
Speditionsstelle für A/B/C/D	TCHF	800
Total	**TCHF**	**2000**

e) Verwaltungsgemeinkosten

Unter den Verwaltungsgemeinkosten sind die Kostenstellen der zentralen Verwaltung eingeordnet:

Rechnungswesen	TCHF	480
Personaldienst	TCHF	200
Geschäftsleitung	TCHF	320
Total	**TCHF**	**1000**

3. Aufgabenstellung

Erstellen Sie auf den nachfolgenden Lösungsvorlagen, basierend auf den Angaben über die Fixkosten gemäss Punkt 2, eine mehrstufige Deckungsbeitragsrechnung.

a) Ohne Schlüsselung

Die Kosten sind derjenigen Deckungsbeitragsstufe zuzurechnen, in die sie ohne Schlüsselung zurechenbar sind.

b) Mit Schlüsselung

Die Fixkosten sind mit folgenden Schlüsseln den einzelnen Kostenträgern zuzurechnen (Rundungsdifferenzen auf Artikel D ausgleichen):

– Materialgemeinkosten: Im Verhältnis der variablen Materialkosten

– Fertigungsgemeinkosten: Im Verhältnis der Stunden (auch Fertigungsstelle 4)

– Vertriebsgemeinkosten: Im Verhältnis des Nettoerlöses

– Verwaltungsgemeinkosten: Im Verhältnis des DB 1

Lösungsvorlage Mehrstufige Deckungsbeitragsrechnung ohne Schlüsselung

Text	Artikel A	Artikel B	Artikel C	Artikel D	Total
Nettoerlös	2400	3600	4000	8000	18000
– variable Materialkosten	600	800	1200	4000	6600
– variable Fertigungskosten	400	400	800	1600	3200
Deckungsauftrag 1	1400	2400	2000	2400	8200
– Auftragsfixkosten					
Deckungsbeitrag 2					
– Fertigungsstelle 1					
– Fertigungsstelle 3					
– Marketing A					
– Marketing B					
Deckungsbeitrag 3					
– Fertigungsstelle 2					
Deckungsbeitrag 4					
– Marketing C/D					
Deckungsbeitrag 5					
– Materialfixkosten					
– Fertigungsstelle 4					
– Spedition					
– Verwaltungsfixkosten					
Gewinn					

Lösungsvorlage Mehrstufige Deckungsbeitragsrechnung mit Schlüsselung

Text	Artikel A	Artikel B	Artikel C	Artikel D	Total
Nettoerlös	2400	3600	4000	8000	18000
– variable Materialkosten	600	800	1200	4000	6600
– variable Fertigungskosten	400	400	800	1600	3200
Deckungsauftrag 1	1400	2400	2000	2400	8200
– Auftragsfixkosten					
Deckungsbeitrag 2					
– Materialstelle					
– Fertigungsstelle 1					
– Fertigungsstelle 2					
– Fertigungsstelle 3					
– Fertigungsstelle 4					
Deckungsbeitrag 3 n. HK					
– Marketingstelle A					
– Marketingstelle B					
– Marketingstelle C/D					
– Spedition A/B/C/D					
– Rechnungswesen					
– Personaldienst					
– Geschäftsleitung					
Gewinn (+) / Verlust (–)					

Aufgabe **9.07 Teilkostenrechnung eines Dienstleistungsbetriebes (Treuag)**

Allgemeine Angaben

– Alle Zahlen in TCHF, ausser Einheitszahlen

– Kaufmännische Rundungsregel anwenden

1. Beschreibung des Unternehmens/Rechnungswesens

Die **Treuag** ist ein Treuhandunternehmen, das seinen eigenen Betrieb als Musterbeispiel für die Führung von KMU mittels eines einfachen und wirkungsvollen Controlling-Ansatzes entwickelt hat. Die Wirtschaftlichkeit wird in den drei Sparten «Buchhaltungen», «Beratungen» und «Liegenschaften» gemessen. Die für diese Sparten zuständigen Spartenleiter müssen die jeweilige Spartenrechnung jeden Monat analysieren und kommentieren. Die Spartenleiter sind für ihre eigenen Kostenstellen «Buchführung», «Beratungsstelle» und «Liegenschaftenverwaltung» auch Kostenstellenleiter. Der Chef «Zentrale Dienste» ist für die Kostenstelle «Verwaltung» verantwortlich. Diese Stelle ist für alle allgemeinen Funktionen wie Beschaffung, Informatik, Personaldienst und Marketing zuständig.

Die Finanzbuchhaltung bucht während des Jahres die jeweilig anfallenden Belege, wie sie als Rekapitulation aus Punkt 4 (Ist-Zahlen) hervorgehen. Die sich ergebenden Bestandesänderungen aus «Nicht abgerechneten Aufträgen» gemäss Punkt 5 werden in der Finanzbuchhaltung nur Ende Jahr für den Jahresabschluss verbucht.

Die Betriebsbuchhaltung baut auf einer Normalteilkostenrechnung auf. In einer ersten Stufe werden die normalisierten variablen Kosten verrechnet, um einen Deckungsbeitrag auszuweisen. Von diesem Deckungsbeitrag werden die normalisierten Fixkosten abgesetzt, um einen kalkulierten Betriebserfolg zu zeigen. Um pro Kostenträger auch den Ist-Erfolg auszuweisen, werden die Deckungsdifferenzen ebenfalls übertragen. Vorgehen siehe Punkt 6 und 7.

2. Grundplanung

Jedes Geschäftsjahr wird mit dem Budgetierungsprozess vorbereitet und die jeweiligen Ziele festgelegt. Für das Jahr 20_1 wurde das nachfolgende Budget erstellt:

Text	Kostenstellen				Kostenträger		
	Buchführ.	Beratung	Liegensch.	Verwalt.	Buchhalt.	Beratung	Liegensch.
Personalkosten	600	700	400	150			
Übrige Gemeink.	280	320	80	460			
Total Kosten	880	1020	480	610			
Umlage Buchführung	– 880			[1)]80	650		150
Umlage Beratungen		– 1020			50	900	70
Umlage Liegensch.			– 480				480
Total					700	900	700
Umlage Verwaltung				– 690	210	270	210
Selbstkosten					910	1170	910
Gewinn					70	130	10
Erlös					980	1300	920
Bezugsgrössen	16000 Pers.-Std.	12000 Pers.-Std.	8000 Pers.-Std.	in % der HK-Vollk.			
Variator[2)]	8	8	8	0			

[1)] Belastung für die Führung der eigenen Buchhaltung

[2)] Variator 8 = 80 % = variable Kosten / Variator 0 = 0 % variabel

3. Ist-Stundenerfassung Monat März

Gemäss Zeiterfassung wurden folgende Personenstunden erfasst (Stundenstatistik):

Lohnart (zu belasten)	Total	Kostenstellen (zu entlasten)			
		Buchführ.	Beratung	Liegensch.	Verwalt.
Auftrags-Std.[1)]					
Buchhaltung	1170	1050	120		
Beratung	800		800		
Liegenschaften	1010	250	60	700	
Verwaltung	120	120			
Total Auftrags-Std.	3100	1420	980	700	
Indirekte Std.[2)]	710	150	200	120	240
Total Präsenz-Std.	3810	1570	1180	820	240
Absenzstunden[3)]	410	60	120	150	80
Total Stunden	**4220**	**1630**	**1300**	**970**	**320**

[1)] Auftragsstunden: Personenstunden, die weiterverrechnet werden (Auftrag oder einer anderen Kostenstelle)

[2)] Indirekte Stunden: Stunden für Schulung, Studium usw.

[3)] Absenzstunden: Krankheit, Ferien, Militär usw.

4. Ist-Zahlen

4.1 Kosten Monat März

Gemäss Lohn-, Kreditoren-System und Hauptbuch sind folgende Aufwände/
Kosten angefallen:

Text	Total Aufwand	Sachliche Abgrenzung	Buchführung	Beratung	Liegenschaft	Verwaltung
Personalkosten	184	– 8	56	69	37	14
Übrige Gemeink.	106	– 4	30	28	14	30
Total Kosten	290	– 12	86	97	51	44

4.2 Erlöse Monat März

Gemäss Debitoren-System sind folgende Erlöse angefallen:

Text	Total	Buchhaltung	Beratung	Liegenschaft
Erlöse	270	116	94	60

5. Nicht abgerechnete Aufträge Monat März

Die Spartenleiter melden jeden Monat den Stand an nicht abgerechneten Stunden. Diese werden in der Monatsrechnung mit dem variablen Kostensatz bewertet und entsprechend in der Erfolgsrechnung berücksichtigt. Rapport in Stunden:

Text	Stand 28.2.20_1	Stand 31.3.20_1	Veränderung
Buchführung	600	400	– 200
Beratung	200	300	+ 100
Liegenschaft	150	150	0
Total	950	850	– 100

6. Kostenverrechnung

- Variable und fixe Kosten werden zu Normalkostensätzen (siehe Punkt 7a) auf die Kostenträger verrechnet.
- Für die Deckungsdifferenzen der Kostenstellen «Buchführung», «Beratung» und «Liegenschaften» ist der entsprechende Spartenleiter verantwortlich, weshalb diese vollumfänglich dem entsprechenden Hauptkostenträger zugerechnet werden.
- Die Deckungsdifferenz der Verwaltungsstellen wird zu gleichen Teilen den drei Sparten belastet bzw. gutgeschrieben.

7. Aufgabenstellung

a) Ermitteln Sie die Kalkulationssätze gem. Planung.

Kalkulationssätze

Kostenstelle	Bezugsgrösse	Var.	Vollkosten	Variable Kosten	Fixe Kosten
Buchführung	Pers.-Std.	8			
Beratung	Pers.-Std.	8			
Liegenschaftsverw.	Pers.-Std.	8			
Verwaltungsstelle	% der HK				

b) Erstellen Sie die Betriebsabrechnung.

Betriebsabrechnung

Kostenarten	Kostenstellen					Kostenträger		
Text	Total	Buch-führung	Bera-tung	Liegen-schaften	Verw.	Buch-haltung	Bera-tung	Liegen-schaften
Erlös								
Nicht abgerechn. Auftr.								
Ertrag								
Personalkosten								
Übrige Gemeinkosten								
Total Kosten								
Var. Kosten Buchf.								
Var. Kosten Beratung								
Var. Kosten Liegenschaft								
Deckungsbeitrag								
Kalk. Fixk. Buchführung								
Kalk. Fixk. Beratung								
Kalk. Fixk. Liegenschaft								
Ergebnis nach HK								
Kalk. Verwaltungskosten								
Kalk. Betriebserfolg								
UD Buchführung								
UD Beratung								
UD Liegenschaften								
ÜD Verwaltung								
Ist-Betriebs								
SA								
SA								
Betriebs Fibu								

Aufgabe **9.08** **Normalkostenrechnung auf Teilkostenbasis (Balisto)**

Allgemeine Angaben

– Alle Zahlen in TCHF, ausser Kostensätze
– Abrechnungsperiode ist das 1. Semester 20_1

1. Beschreibung der Firma

Die Firma **Balisto** besteht aus den zwei Geschäftsbereichen «Riegel» und «Tierfutter». Diese sind sowohl organisatorisch wie auch vom Vertriebskanal her streng getrennt. Die Riegel werden über Lebensmittelgeschäfte und Kioske vertrieben, während der Bereich «Tierfutter» über landwirtschaftliche Organisationen abgesetzt wird. Das Rechnungswesen hat die Aufgabe, über diese zwei Geschäftsbereiche möglichst umfassende Daten bereitzustellen. Vor allem wird von der Geschäftsleitung verlangt, das Ergebnis pro Bereich auszuweisen sowie Kalkulationsgrundlagen bereitzustellen.

2. Fertigungsabwicklung

Für beide Erzeugnisse wird die gleiche Grundmasse verwendet, nämlich verschiedene Getreidesorten, die vom Lieferanten Getreide AG angeliefert werden. Für die Produktion der Riegel wird die Grundmasse in der Kostenstelle «Mischerei» mit den verschiedenen Zutaten (Nüsse, Beeren) zusammengemischt und in Formen gelegt. Anschliessend werden die Formen in der Kostenstelle «Ofen» ausgebacken und sofort in der Kostenstelle «Verpackerei» fertig verpackt, palettiert und ins Fertiglager verschoben. Bei der Produktion des Tierfutters wird die Grundmasse in der Kostenstelle «Mischerei» mit einem Trester aus der Obstverwertungsanstalt vermischt. Anschliessend erfolgt in der Kostenstelle «Verpackerei» die Abfüllung in Säcken zu 25 Kilo, die dann ins Fertiglager abgeliefert werden. Da der Fertigungsprozess kontinuierlich verläuft, kann auf die Führung von unfertigen Erzeugnissen verzichtet werden.

3. Rechnungswesenaufbau

3.1 Finanzbuchhaltung

Die Balisto führt eine Finanzbuchhaltung mit allen Hilfsbuchhaltungen. Alle Urdaten werden neben dem Artenbegriff auch mit dem Objektbegriff (Sachliche Abgrenzung, Kostenstelle oder Kostenträger) der Betriebsbuchhaltung erfasst.

Rekapitulation 1. Semester 20_1

Kostenart		Sachl. A.	Kostenstellen					Kostenträger	
Text	Fibu Aufw.	SA	Mat.-Stelle	Mische-rei	Ofen	Verpa-ckerei	Verw.-Stelle	Fert. Erz. Riegel	Fert. Erz. Tierfut.
Getreide	118	+ 2						76	44
Zutaten	38	+ 6						44	
Trester	17	– 1							16
Gemeinkosten	310	+ 14	7	76	43	116	82		
Total	483	+ 21	7	76	43	116	82	120	60

3.2 Betriebsbuchhaltung

Die Betriebsbuchhaltung wird in einem integrierten System (siehe Primärdaten 3.1) geführt. Basis für die Kostenverrechnung sind die Normalkostensätze, die von der Planungsrechnung abgeleitet werden. Die Betriebsbuchhaltung wird als Normalteilkostenrechnung geführt. Die Geschäftsleitung verlangt auch den Ausweis des kalkulierten sowie des Ist-Erfolgs pro Geschäftsbereich. Deshalb werden in der Erfolgsrechnung die kalkulierten Fixkosten angerechnet und in einer weiteren Rechnungsstufe die Deckungsdifferenzen im Verhältnis zu den kalkulierten Kosten verteilt.

3.3 Planungsrechnung

Grundlage für die Normalkostensätze bildet das folgende Budget für das Jahr 20_1:

Budget 20_1 in TCHF

Text	Bezugsgrösse	Total Vollkosten	Var. Ko.	Riegel Vollkosten	Var. Ko.	Tierfutter Vollkosten	Var. Ko.
Getreide		200	200	120	120	80	80
Zutaten		80	80	80	80		
Trester		40	40			40	40
Rohmaterial		320	320	200	200	120	120
Materialstelle	% des Rohm.	16		10		6	
Mischerei	2000 M.-Std.	160	80	100	50	60	30
Ofen	4000 M.-Std.	80	60	80	60		
Verpackerei	4000 M.-Std.	224	112	110	55	114	57
Herstellkosten		800	572	500	365	300	207
Verwalt.-Kosten	% der HK	160		100		60	
Selbstkosten		960		600		360	
Nettoerlös		− 1040	− 1040	− 620	− 620	− 420	− 420
Erfolg/DB		− 80	− 468	− 20	− 255	− 60	− 213

4. Betriebsdatenerfassung

4.1 Stundenmeldung der Kostenstellen

- Mischerei: Riegel   650 Std.
  Tierfutter   450 Std.   1100 Std.
- Ofen   2200 Std.
- Verpackerei: Riegel   1150 Std.
  Tierfutter   1100 Std.   2250 Std.

4.2 Inventar

Bestandesänderungen gemäss physischer Inventur, bewertet zu Grenzkosten

Fertige Erzeugnisse Riegel   Bestandesabnahme   TCHF 9
Fertige Erzeugnisse Tierfutter   Bestandeszunahme   TCHF 12

5. Erlösrechnung

Gemäss Debitorensystem wurden im 1. Semester folgende Umsätze erzielt:

Riegel   TCHF 302
Tierfutter TCHF 212

6. Aufgabenstellung

Lösen Sie die Aufgabe wie folgt:

a) Leiten Sie auf der Vorlage «Kalkulationssätze Balisto» die Kalkulationssätze ab.

b) Verbuchen Sie die Rekapitulation der Primärdatenerfassung in der Betriebsbuchhaltung auf der Vorlage «Betriebsbuchhaltung Balisto» (es können die Sammeltotale pro Objekt übernommen werden).

c) Verbuchen Sie die Kosten- und Erlösrechnung auf der Vorlage «Betriebsbuchhaltung Balisto» gemäss den Angaben unter den Punkten 1–5.

d) Erstellen Sie die Produktions-Erfolgsrechnung auf der Vorlage «Produktions-Erfolgsrechnung Balisto». Beachten Sie dabei Folgendes:

   – Die Verrechnung der kalkulierten Fixkosten erfolgt aufgrund der ermittelten Kalkulationssätze gemäss Vorlage «Kalkulationssätze Balisto». Die Bezugsbasis für die Berechnung der kalkulierten Verwaltungsgemeinkosten sind die Herstellvollkosten der verkauften Erzeugnisse.

   – Die Verrechnung der kalkulierten Fixkosten, der Deckungsdifferenzen und der sachlichen Abgrenzungen müssen auf den Konten nicht verbucht werden.

   – Die Geschäftsleitung verlangt auch den Ausweis des Ist-Betriebsgewinns pro Geschäftsbereich (Kostenträger), weshalb die Deckungsdifferenzen im Verhältnis der kalkulatorischen Kosten der jeweiligen Kalkulationsposition den beiden Kostenträgern zugerechnet werden.

   – Die Bestände an Fertigerzeugnissen werden in der Finanzbuchhaltung ⅓ unter den Grenzkosten bewertet.

e) Erstellen Sie die Erfolgsrechnung der Finanzbuchhaltung.

f) Nehmen Sie eine Kurzanalyse über den Verlustausweis bei den Riegeln vor.

Vorlage «Kalkulationssätze Balisto»

Text	Bezugsgrösse	Kalkulationssätze		
		Vollkosten	Var. Kosten	Fixkosten
Materialstelle	% des Rohmat.			
Mischerei	2000 Masch.-Std.			
Ofen	4000 Masch.-Std.			
Verpackerei	4000 Masch.-Std.			
Verwaltungsk.	% der Herst.-Vollk.			

Vorlage «Betriebsbuchhaltung Balisto»

| SA Rohmaterial | SA Gemeinkosten | SA Bestandesänderung Erzeug. |

| Materialstelle | Mischerei | Ofen |

| Verpackerei | Verwaltungsstelle | Fertige Erzeugnisse Riegel |

| Fertige Erzeugnisse Tierfutter | Verkaufte Riegel | Verkauftes Tierfutter |

Vorlage «Produktions-Erfolgsrechnung Balisto»

Text	Total	Riegel	Tierfutter
Erlös			
+/– Bestandesänderungen Fertigerz.			
Produktionsertrag			
Rohmaterial			
Mischerei			
Ofen			
Verpackerei			
Deckungsbeitrag			
Kalk. Fixkosten Materialstelle			
Kalk. Fixkosten Mischerei			
Kalk. Fixkosten Ofen			
Kalk. Fixkosten Verpackerei			
Ergebnis nach Herstellkosten			
Kalk. Verwaltungs-GK			
Kalk. Gewinn/Verlust			
ÜD Materialstelle			
ÜD Mischerei			
ÜD Ofen			
ÜD Verpackerei			
ÜD Verwaltungsstelle			
Ist-Betriebserfolg			
SA Rohmaterial			
SA Gemeinkosten			
SA Bildung stille Reserven Fertigerz.			
Gewinn Finanzbuchhaltung			

Erfolgsrechnung der Finanzbuchhaltung

1. Sem. 20_1

Kurzanalyse

9.09 **Normalkostenrechnung auf Teilkostenbasis (Boss)**

1. Ausgangslage

Die Firma **Boss** stellt Jeans her. Basis für die Ermittlung der Kostensätze ist die Planungsrechnung gemäss Punkt 2. Die Kostenabrechnung erfolgt aufgrund der Betriebsdaten gemäss Punkt 3. Die Finanzbuchhaltung bewertet die Bestände 25 % unter den Herstellvollkosten. Da die Bestände der unfertigen Erzeugnisse immer gleich sind, wird auf die Führung des Kontos «Unfertige Erzeugnisse» verzichtet. Abzurechnen ist der Monat März 20_1. Alle Zahlen, ausser den Kalkulationssätzen, verstehen sich in Tausend CHF. Alle Zahlen sind auf ganze Einheiten zu runden.

2. Planungsrechnung pro Monat

Text	Bezugsgrösse	Total	Variabel	Fix
Rohmaterial		200	200	
Materialstelle	In % Rohm.	20	0	20
Fertigungsstelle Schneiderei	2000 Std.	120	40	80
Fertigungsstelle Näherei	2500 Std.	100	80	20
Herstellkosten		440	320	120
Verwaltungsstelle	In % der HK	110	0	110
Selbstkosten/variable Kosten		550	320	230
Nettoerlös		– 600	– 600	
Gewinn/Deckungsbeitrag		– 50	– 280	

3. Betriebsdatenerfassung

3.1 Ist-Datenerfassung

Die Primärkosten- und -erlösarten sind aufgrund der Basissysteme bereits erfasst und gemäss Kontierung den entsprechenden Konten belastet bzw. gutgeschrieben.

3.2 Stundenerfassung

Kostenstelle «Schneiderei»   1800 Std.
Kostenstelle «Näherei»   2400 Std.

3.3 Stückzahlerfassung Fertiglager

Fertig produzierte Jeans   20 000 Stück
Verkaufte Jeans   18 000 Stück

Die Bewertung der Bestandesänderung an Fertigerzeugnissen erfolgt zu den durchschnittlichen Herstellkosten gemäss den Produktionskosten und den gefertigten Stückzahlen.

4. Aufgabenstellung

a) Ermitteln Sie nachstehend die Normalkostensätze nach dem Voll- und Teilkostenprinzip (variable Kosten) gemäss der Planungsrechnung (siehe Punkt 2).

Normalkostensätze

Text	Bezugsgrösse	Voll-kosten	Variable Kosten	Berechnungen
Materialstelle	In % Rohmat.			
Fert.-Stelle Schn.	2000 Std.			
Fert.-Stelle Näherei	2500 Std.			
Verwaltungsstelle	In % der HK			

b) Erstellen Sie eine Normalkostenrechnung nach dem Vollkostenprinzip.

Betriebsabrechnung nach Normalvollkosten

Kostenarten	Sachl. Abgrenzung			Kostenstellen				Kostenträger	
Text	Fibu	SA	Bebu	Mat.-Stelle	Schnei-derei	Nähe-rei	Verw.-Stelle	Fertige Erzeug.	Verkauf Erzeug.
Rohmaterial	182	– 2	180					180	
Gemeinkosten	372	– 22	350	21	129	95	105		
Total	554	– 24	530	21	129	95	105	180	
Materialstelle									
Schneiderei									
Näherei									
HK Produktion									
HK verkaufte Erz.									
Verwaltungsstelle									
Selbstkosten									
Bestandesänderung									
Erlös	– 510								
Erfolg									

c) Erstellen Sie eine Normalkostenrechnung nach dem Teilkostenprinzip. Alle Angaben werden sinngemäss auch auf die Teilkostenrechnung angewendet, ebenfalls dass die Finanzbuchhaltung die Fertige Erzeugnisse 25 % unter den Herstellvollkosten bewertet.

Betriebsabrechnung nach Normalgrenzkosten

Kostenarten	Sachliche Abgrenzung			Kostenstellen				Kostenträger	
Text	Fibu	SA	Bebu	Mat.-Stelle	Schnei-derei	Nähe-rei	Verw.-Stelle	Fertige Erz.	Verkauf Erz.
Rohmaterial	182	– 2	180					180	
Gemeinkosten	372	– 22	350	21	129	95	105		
Total	554	– 24	530	21	129	95	105	180	
Materialstelle									
Schneiderei									
Näherei									
HK Produktion									
HK verkaufte Erz.									
Verwaltungsstelle									
Selbstkosten									
Bestandesänderung									
Erlös									
Erfolg/DB									

d) Erklären Sie den unterschiedlichen Ist-Erfolg der Voll- und der Teilkostenrechnung.

....

....

....

....

10 Entscheidungsrechnung mit Teilkosten

Grenzpreis und Bestimmung Sortiment (Aargovia)

1. Ausgangslage

An einem Seenachtsfest betreibt der Studentenverein **Aargovia** einen Grillstand. Es werden Bratwürste und Steaks angeboten, wobei die Einkaufs- wie auch die Verkaufspreise durch den Veranstalter wie folgt vorgegeben sind:

	Bratwurst	Steak
Verkaufspreis	5.–	12.–
Einkaufspreis	2.–	4.–
Deckungsbeitrag	**3.–**	**8.–**

Kapazitätsauflage auf Grillfläche	40 Stück	20 Stück
Grillzeit pro Bratwurst/Steak	6 Min.	12 Min.

Es kann davon ausgegangen werden, dass je eine Stunde vor und nach dem Feuerwerk die Grillkapazität nicht ausreicht, um die Nachfrage zu befriedigen. In der übrigen Zeit ist genügend Kapazität vorhanden.

2. Aufgabenstellung

a) Welche Erzeugnisse favorisieren bzw. produzieren Sie bei genügender und bei knapper Kapazität?

b) Wie hoch ist der Grenzpreis für die Steaks?

c) Erfahrungen zeigen, dass in den Randzeiten durchschnittlich 80 Bratwürste und 40 Steaks pro Stunde verkauft werden. Werden nur Steaks angeboten, kann davon ausgegangen werden, dass 50 % der Bratwurstkäufer auf Steaks umsteigen, die andern 50 % auf einen Kauf verzichten. Welche Produkte produzieren bzw. bieten Sie in den Randzeiten an?

Aufgabe **10.02**   **Sortimentsanalyse**

Ein Gastwirt bietet folgende 4 Gerichte an:

	Fleisch	Fisch	Gemüseteller	Salatteller
Preis	34.–	26.–	18.–	12.–
Grenzkosten	12.–	10.–	4.–	2.–
Bearbeitungszeit	10 Min.	8 Min.	4 Min.	2 Min.

– Welche Speisen fördern Sie bei Vollbeschäftigung und bei Unterbeschäftigung?
– Bestimmen Sie die Rangfolge.

Aufgabe **10.03** **Eigen- oder Fremdfertigung, Investitionsalternative**

Eine Firma hat bisher von einem Lieferanten pro Jahr 120000 Montageteile (Einzelmaterial) zu CHF 2.– bezogen (Tendenz steigend). Eine Untersuchung hat ergeben, dass bei Eigenfertigung folgende Kosten entstehen würden:

Infrastrukturkosten (fix) pro Jahr	CHF 200000.–
Rohstoffkosten pro Stück	CHF –.20
Variable Fertigungskosten pro Stück	CHF –.30
Stückzahl pro Jahr	120000 Stück

Nehmen Sie zu folgenden Fragen Stellung:

a) Lohnt sich eine Eigenfertigung?

Rein rechnerisch lohnt sich somit eine Eigenfertigung nicht. Bei steigender Tendenz muss jedoch eine Eigenfertigung ins Auge gefasst werden.

b) Ab welcher Stückzahl soll das Montageteil selbst gefertigt werden?

c) Mit einem Automaten, der Fixkosten von CHF 40000.– p.a. verursachen würde, könnten die variablen Fertigungskosten auf CHF –.10 gesenkt werden. Ab welcher Stückzahl lohnt sich der Einsatz eines Automaten?

Aufgabe 10.04   Wertmässige Nutzschwelle (Bumann)

Daniel Bumann gilt als unerbittlicher Restauranttester. Neben dem richtigen Betriebskonzept für seine «Kunden» will er auch die wichtigsten wirtschaftlichen Kriterien beurteilen.

1. Kalkulationsverfahren in Restaurants

Die Kalkulationsverfahren der meisten Restaurants sind einfach, aber wirksam:

	Verkaufserlöse	(100 % als Bezugsgrösse)
–	direkte, variable Kosten	(zwischen 30 % und 40 %)
=	Deckungsbeitrag	(zwischen 60 % und 70 %)

Aus dem Deckungsbeitrag müssen die Fixkosten bezahlt sowie ein Gewinnbeitrag erwirtschaftet werden.

2. Rössli Vorderwalden

Das Team des Restaurants Rössli in Vorderwalden hat sich dem kritischen Auge von Bumann gestellt, die Beurteilung ist durchzogen:

– Essen, Getränke und Service sind qualitativ gut.

– Das Ambiente des Restaurants wird jedoch der Qualität des Angebots nicht gerecht.

– Das Restaurant ist nicht genügend ausgelastet und muss zudem recht hohe Fixkosten tragen.

3. Ausgangslage

Die Zahlen der Ausgangslage (in TCHF) präsentieren sich wie folgt:

	Ausgangslage (TCHF)
Verkaufserlöse	800
Variable Kosten	– 280
Deckungsbeitrag	520
Fixkosten	– 560
Ergebnis	– 40

Sie können in der heutigen Situation (d. h. ohne Veränderungen) davon ausgehen, dass mit jedem Umsatzfranken der entsprechende anteilige Deckungsbeitrag wie in der Ausgangslage erwirtschaftet werden kann.

4. Aufgabenstellung

Bumann schlägt die **drei folgenden Szenarien a) – c)** zur Überprüfung vor. Führen Sie zur Beantwortung der dort gestellten Fragen die erforderlichen Berechnungen aus.

Rundungsregeln für die folgenden Aufgaben:

– Absolute Zahlen auf ganze TCHF

– Prozentzahlen auf 1 Kommastelle

a) Gar nichts ändern

Bei welchem Umsatz würde in diesem Szenario die Nutzschwelle erreicht?

Szenario 1 (TCHF)

	Ausgangslage	Probe
Verkaufserlöse	800	
Variable Kosten	– 280	
Deckungsbeitrag	520	
Fixkosten	– 560	
Ergebnis	– 40	

b) Ambiente des Restaurants verbessern

Ausrichtung des Restaurants als gepflegtes Speiserestaurant; qualitatives Angebot wie bisher. Dies würde jedoch zu zusätzlichen Fixkosten von TCHF 60 pro Jahr führen. Hingegen könnten bei diesem Szenario die Verkaufspreise generell um 10 % erhöht werden.

Wie würde die gesamte Rechnung aussehen, wenn Sie nur die Preiserhöhung und die zusätzlichen Fixkosten in Betracht ziehen, jedoch keine mengenmässige Steigerung?

Szenario 2 (TCHF)

	Ausgangslage	Erhöhung Verkaufs-preis und Fixkosten	Werte neu	Struktur neu
Verkaufserlöse	800			
Variable Kosten	– 280			
Deckungsbeitrag	520			
Fixkosten	– 560			
Ergebnis	– 40			

Bei welchem Umsatz wird in diesem Szenario die Nutzschwelle erreicht?

c) Fokussierung auf «Einfach, aber fein»

Spezialisierung auf traditionelle Küche, weniger, aber qualitativ gute Gerichte auf der Speisekarte. Damit liessen sich die variablen Kosten gemäss Ausgangslage um 15 % senken, die Verkaufspreise könnten generell um 5 % gesenkt werden. Die Fixkosten würden ebenfalls um TCHF 45 gesenkt (Wegfall einer Teilzeitstelle in der Küche).

Stellen Sie basierend auf der Ausgangslage die Erfolgsrechnung mit diesen Annahmen dar (Werte neu ohne mengenmässige Steigerung).

Szenario 3 (TCHF)

	Ausgangs-lage (TCHF)	Reduktion Verkaufs-preis	Reduktion var. Kosten und Fixkosten	Werte neu ohne Umsatz-steigerung	Struktur	Werte neu mit Umsatz-steigerung
Verkaufserlöse	800					
Variable Kosten	– 280					
Deckungsbeitrag	520					
Fixkosten	– 560					
Ergebnis	– 40					

Bei diesem Szenario soll eine Umsatzrendite von 6 % erreicht werden. Wie hoch müsste der Umsatz für dieses Ziel sein?

Welcher mengenmässigen Umsatzsteigerung würde dies entsprechen?

Ein Jahr später: Das Team des Restaurants Rössli hat sich für Szenario 3 entschieden und die Vorgaben (gegenüber Ausgangslage: 5 % Preissenkung, 15 % Senkung variable Kosten, Fixkostensenkung 45 TCHF) genau so realisiert. Die Umsatzerwartung wurde übertroffen, es konnte ein Jahresumsatz von TCHF 900 erreicht werden!

Wie stellt sich die Erfolgsrechnung mit diesem erreichten Umsatz dar?

Erfolgsrechnung Szenario 3

Verkaufserlöse

Variable Kosten

Deckungsbeitrag

Fixkosten

Ergebnis

Aufgabe **10.05** **Mengenmässige Nutzschwelle, Iso-Deckungsbeitragskurve (Handels AG)**

Die Firma **Handels AG** kann aus Japan die Exklusivvertretung für den Vertrieb eines Kugelschreibers übernehmen. Die Stückkosten betragen CHF –.40 (variable Kosten). Der japanische Lieferant verlangt eine Mindestabnahmemenge von 300 000 Stück. Der Verkaufspreis wird mit CHF –.70 pro Stück festgelegt, und die budgetierten Fixkosten betragen CHF 60 000.– pro Jahr. Mit verschiedenen Rechnungsvarianten versucht der Controller, Chancen und Risiken dieses Angebots bewusst zu machen.

a) Wo liegt die mengenmässige Nutzschwelle?

b) Wie viel Stück müssen verkauft werden, wenn ein Gewinn von CHF 40 000.– erzielt werden soll?

c) Welcher Verkaufspreis muss für die Erreichung der Nutzschwelle festgelegt werden, wenn der Mindestabsatz von 300 000 Stück erreicht wird?

d) Um wie viele Prozente muss der mengenmässige Umsatz bei einer Preisreduktion von 20 % gesteigert werden, um die Nutzschwelle zu erreichen?

e) Erstellen Sie eine Iso-Deckungsbeitragskurve zur Erreichung der Nutzschwelle bei Verkaufspreisen von CHF –.50 bis CHF 1.– (in 10-Rappen-Schritten). Errechnen Sie pro Stufe (10-Rappen-Schritt) die jeweilige Preiserhöhung und Stückzahlsenkung in ganzen Prozentzahlen.

Berechnung der Stückzahlen

Preis	Deckungs-beitrag	Stückzahl bei CHF 60 000.– Fixkosten	Preiserhöhung in %	Stückzahl-senkung in %
–.50				
–.60				
–.70				
–.80				
–.90				
1.–				

Iso-Deckungsbeitragskurve

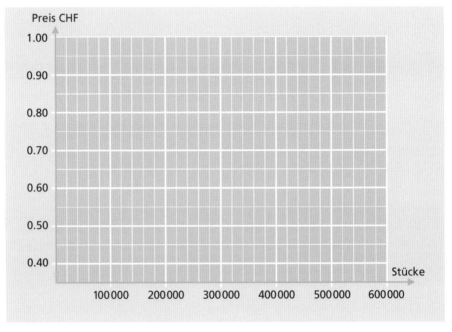

Aufgabe **10.06** **Nutzschwellenanalyse**

Ein Theaterbetrieb registrierte im abgelaufenen Jahr 70 000 Besucher. Die Einnahmen betrugen CHF 2 450 000.–, die fixen Kosten CHF 1 550 000.– und die proportionalen Kosten CHF 376 600.–.

a) Wie hoch war der durchschnittliche Eintrittspreis pro Person?

b) Wie hoch war der Deckungsbeitrag pro Person?

c) Wo liegt die Tages-Nutzschwelle in Personen bei 250 Spieltagen?

d) Mit einer Jahreswerbekampagne, welche beim Lokalradio CHF 75 000.– kosten würde, könnten pro Spieltag 12 Personen mehr ins Theater gelockt werden. Lohnt sich diese Werbung?

e) An den noch theaterfreien 110 Tagen könnte das Theater an einen Verkehrsverein für Kulturfilme vermietet werden. Die zusätzlichen Fixkosten des Theaters würden CHF 80 000.– betragen, die städtische Billettsteuer 10 % des Eintrittspreises, die übrigen variablen Kosten pro Kino-Spieltag CHF 200.–. Bei wie vielen Kinospieltagen liegt die Nutzschwelle, wenn mit Brutto-Eintrittspreisen pro Spieltag von CHF 1250.– gerechnet wird?

Aufgabe **10.07** **Nutzschwelle, Grenzpreis, Iso-Deckungsbeitragskurve**

1. Ausgangslage

An einem Getränkestand werden die beiden Getränke Cola und offenes Bier ausgeschenkt. Folgende Daten sind bekannt:

		Cola	Bier
Einstandskosten Beschaffung (var.)		CHF –.50	CHF –.50
Verkaufspreis		CHF 1.–	CHF 1.50
Zeitbedarf pro Ausschank		10 Sek.	30 Sek.
Lohn Angestellte pro Tag (fix)	CHF 400.–		
Übrige Kosten pro Tag (fix)	CHF 200.–		

2. Aufgabenstellung

a) Berechnen Sie den Deckungsbeitrag pro Getränk absolut, den Deckungsgrad (Deckungsbeitrag in % des Verkaufspreises) sowie den Deckungsbeitrag pro Stunde.

b) Wie hoch muss der mengen- und wertmässige Tagesabsatz sein, um die Nutzschwelle zu erreichen, wenn

  – nur Cola verkauft wird?

  – nur Bier verkauft wird?

  – ein Produktemix von $2/3$ Cola und $1/3$ Bier verkauft wird?

c) Berechnen Sie die Nutzschwelle für Cola und Bier wertmässig mithilfe des Deckungsgrads, den Sie unter a) ermittelt haben.

d) Ermitteln Sie die zeitmässige Nutzschwelle, d. h., in welcher Ausschankszeit die Nutzschwelle erreicht wird bei Verkauf von

 – Cola

 – Bier

e) Welches Getränk ist zu favorisieren bei

1. Unterbeschäftigung, d. h., wenn eine einzelne Person ein Getränk bestellt?

2. Überbeschäftigung, d. h., wenn sich eine Warteschlange bildet?

f) Vor dem Getränkestand bildet sich eine Warteschlange. Der Getränkehändler möchte für die Deckungsbeitragsmaximierung nicht die Cola-Kunden bevorzugen, sondern den Preis für ein Bier so ansetzen, dass die Deckungsbeitragsgenerierung pro Zeiteinheit identisch ist. Zu welchem Preis muss ein Bier verkauft werden?

g) Erstellen Sie auf nachstehender Grafik eine Iso-Deckungsbeitragskurve, welche die Abhängigkeit von Menge und Preis für die Erreichung der Nutzschwelle beim Bierausschank zeigt.

Iso-Deckungsbeitragskurve

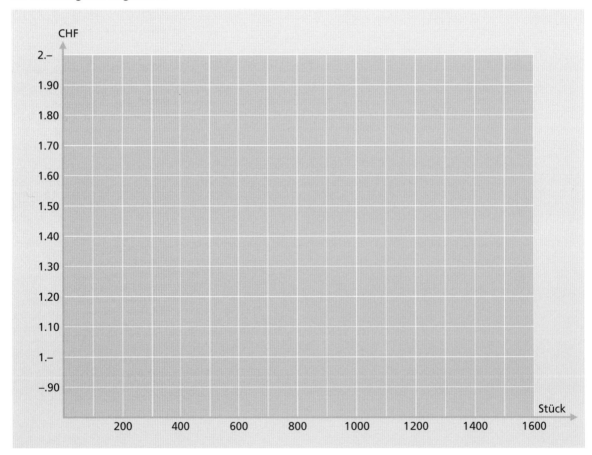

Aufgabe **10.08 Nutzschwellen, Szenarien, Engpass (Happy Photo)**

Happy Photo AG hat sich von einem klassischen Fotoloabor zum Anbieter von Fotobüchern und Postern entwickelt. Sie werden gebeten, zu diesen zwei Geschäftszweigen verschiedene Analysen durchzuführen.

A. Geschäftszweig «Fotobücher»

1. Nutzschwelle

Die aktuellen Geschäftszahlen in TCHF präsentieren sich in der Ausgangslage wie folgt:

Verkaufserlöse	3660
Variable Kosten	– 2013
Fixkosten	– 1530
Ergebnis	117

Bei welchem Umsatz liegt die Nutzschwelle?

2. Szenario Preissenkung und Werbekampagne

Die Marketingabteilung geht davon aus, dass sich bei einer Preissenkung von – 5 % und einer gezielten Werbekampagne (zusätzliche Fixkosten TCHF 70) die Absatzmenge um 20 % steigern lässt.

Welches Ergebnis in ganzen TCHF kann bei Realisierung dieser Massnahmen erwartet werden?

3. Szenario Preissenkung, Senkung variable Kosten und Werbekampagne

Eine Überprüfung der Produktkosten zeigt, dass sich die variablen Kosten um −8 % senken lassen. Bei einer Preissenkung von −5 % und zusätzlichen Fixkosten für die Werbekampagne (TCHF 70) soll ein Gewinn von 10 % vom Umsatz erzielt werden.

Auf welchen Wert muss der Umsatz liegen (Ergebnis in ganzen TCHF)?

4. Szenario Senkung Fixkosten, Senkung variable Kosten, kein Wachstum

Wir gehen gegenüber der Ausgangslage von einer Senkung der variablen Kosten von −8 % sowie einer Reduktion der Fixkosten um TCHF −330 aus. Ein Mengenwachstum muss nicht berücksichtigt werden.

Um wie viel Prozent könnten die Verkaufserlöse bei diesem Szenario gesenkt werden, damit trotzdem noch ein Gewinn von 10 % vom Umsatz erzielt wird? Resultat auf eine Kommastelle.

B. Geschäftszweig Poster

In diesem Geschäftszweig werden die drei Poster-Formate A1, A2 und A3 angeboten. Die Poster werden auf einem speziellen Print-Center gedruckt. Dieses Print-Center stellt den Engpass im Fertigungsprozess dar, die Fertigungszeiten je Produkt sind nachfolgend aufgeführt. Folgende Zahlen liegen vor:

Produkt	A1	A2	A3
Verkaufspreis pro Stück	40.00	28.00	18.00
Variable Kosten pro Stück	14.00	11.00	6.00
DB pro Stück	26.00	17.00	12.00
Minuten pro Stück	4	3	2

1. Kapazitätsplan bei maximalen Absatzmöglichkeiten

Berechnen Sie aufgrund der Absatzplanung die Kapazitätsauslastung für das Print-Center.

Produkt	A1	A2	A3	Total
Mögliche Absatzmengen (Stück)	27 000	42 000	75 000	–
Minuten total				
Stunden total				

2. DB-optimales Absatzprogramm

Die verfügbare Kapazität des Print-Centers beträgt 6000 Stunden. Aufgrund der konstanten Nachfrage eines Grossverteilers müssen wir die 75 000 Stück für Produkt A3 zwingend in der Planung berücksichtigen.

Wie würden Sie unter diesen Voraussetzungen ein DB-optimales Absatzprogramm zusammenstellen?

Produkt	A1	A2	A3	Total
DB-optimales Programm (Stück)				
Minuten total				
Stunden total				
DB in TCHF				

3. Absatzförderung des stärksten Produkts

Das Absatzprogramm hängt selbstverständlich in erster Linie vom Nachfrageverhalten der Kunden ab. In diesem Zusammenhang soll die Förderung des DB-stärksten Produkts untersucht werden. Wir gehen bei dieser Untersuchung weiterhin von einer Engpass-Situation, d. h. von knapper Kapazität auf dem Print-Center aus.

Um wie viel Prozent könnte der Verkaufspreis des DB-stärksten Produkts gesenkt werden, damit unter Engpassbetrachtung ein gleich hoher DB wie beim zweitstärksten Produkt erzielt wird?

4. Preisuntergrenze für ein neues Produkt

Der Grossverteiler LULDI stellt den Vertrieb von A0-Postern in Aussicht und will eine Preisangabe pro Stück. Die variablen Kosten pro Stück sind mit CHF 18.00 kalkuliert, die Bearbeitungszeit pro Stück auf dem Print-Center beträgt 6 Minuten.

Wie müsste die Preisuntergrenze pro Stück angesetzt werden, wenn das stärkste Produkt verdrängt würde?

Aufgabe **10.09**   **Nutzschwellen, Szenarien (MOTAR)**

Die Firma MOTAR AG produziert und verkauft Elektro-Motoren, welche in verschiedenen Anwendungen eingesetzt werden können. 80 % des Geschäftsvolumens gehen in den Export. Bedingt durch die wirtschaftliche Situation ist der Geschäftsgang unter Druck geraten. Nun sollen verschiedene Optionen zur Verbesserung der Situation geprüft werden.

Sie finden nachstehend die hochgerechneten Zahlen für das laufende Geschäftsjahr. **Für Ihre Berechnungen können Sie von diesen Werten ausgehen,** insbesondere bezüglich Deckungsgrad. Die Werte sind in TCHF.

Verkaufserlöse	9600
Variable Kosten	−6240
Fixkosten	−3800

Ihre Aufgaben

Nehmen Sie zu den Szenarien gemäss Punkt 1 und Punkt 2 Stellung.

Runden: absolute Werte auf ganze TCHF, notwendige Prozentwerte auf 1 Kommastelle.

1. Einseitige Massnahmen

Die Geschäftsleitung diskutiert verschiedene Massnahmen. Die Wirkung dieser Massnahmen soll von Ihnen korrekt dargestellt werden.

Vorberechnungen und Lösungsweg

1.1 Berechnen Sie den Umsatz, mit dem die Nutzschwelle erreicht wird.

1.2 Der Verwaltungsrat will einen absoluten Gewinn von 600 TCHF. Berechnen Sie den Umsatz, mit dem dieses Gewinnziel erreicht werden kann.

1.3 Weisen Sie aus, um wie viele Prozent die Verkaufsmenge gegenüber der Ausgangslage erhöht werden müsste, um das Gewinnziel gemäss Punkt 1.2 zu erreichen.

1.4 Als Minimum soll der erwartete Verlust vermieden werden. Wenn nur die Verkaufspreise erhöht werden könnten: um wie viele Prozent müssten die Verkaufspreise angepasst werden?

1.5 Wenn nur die variablen Kosten um 12,5 % gesenkt würden: Bei welchem Umsatz würde die Nutzschwelle erreicht?

1.6 Wenn nur die fixen Kosten um 15 % gesenkt würden: Bei welchem Umsatz würde die Nutzschwelle erreicht?

2. Kombination von Massnahmen

Die Geschäftsleitung schlägt folgendes Paket vor:

– Verkaufspreis um 5 % senken

– Variable Kosten um 12,5 % senken

– Fixe Kosten um 15 % senken

2.1 Welches Ergebnis ergäbe sich (basierend auf den Werten der Ausgangslage), wenn dieses Paket erfolgreich umgesetzt wird?

2.2 Dem Verwaltungsrat soll eine Gewinnmarge von 8 % (vom Umsatz) vorgeschlagen werden. Mit welchem Umsatz (ausgehend von Ihrem Ergebnis aus Punkt 2.1) würde dieses qualitative Gewinnziel erreicht?

2.3 Welches prozentuale Mengenwachstum müsste somit realisiert werden?

Aufgabe **10.10** **Umsatzziele, Nutzschwellen, Engpass (Terrakotta)**

Hediger Gartenbau hat das Angebotsspektrum mit dem Verkauf von Terrakottatöpfen erweitert. Sie werden verschiedene Entscheidungen mit Ihren Berechnungen unterstützen.

1. Umsatzziele

Hediger Gartenbau AG rechnet mit folgenden Kalkulationsgrössen:

– Variable Kosten in Prozent der Verkaufserlöse: 55 %
– Fixkosten: CHF 186 000

Bei welchem Umsatz (in ganzen CHF) wird die Nutzschwelle erreicht?

Das Geschäft mit den Terrakottatöpfen soll mindestens eine Umsatzrendite von 5 % abwerfen.

Bei welchem Umsatz (in ganzen CHF) wird dieses Renditeziel erreicht?

2. Mengenmässige Nutzschwellen

Hediger Gartenbau AG wird mit den zwei Produkten «Vernazza» und «Siena» starten. Dazu finden Sie die folgenden Angaben sowie den Hinweis, dass die Fixkosten gemäss Punkt 1 je hälftig den beiden Produkten zugeordnet werden sollen.

Produkte	Vernazza	Siena
Variable Kosten	77.00	110.00
Verkaufspreis	140.00	200.00

Bei welcher Stückzahl (auf nächste ganze Zahl aufrunden) erreichen die beiden Produkte die Nutzschwelle?

3. Entscheide bei Kapazitätsüberlegungen

Das führende regionale Gartencenter Müller & Söhne organisiert jedes Jahr einen Anlass zur Saisoneröffnung («Gartenfrühling bei Müller»). Dieser Event ist von den Hobbygärtnerinnen und -gärtnern jeweils ausserordentlich gut frequentiert und bietet entsprechend hervorragende Absatzmöglichkeiten. Für den kommenden «Gartenfrühling bei Müller» erhält die Hediger Gartenbau AG das Angebot, während zwei Tagen **180 m²** **Verkaufsfläche** bei Müller & Söhne zu mieten. Hediger Gartenbau AG will diese Gelegenheit nutzen und Terrakottatöpfe zum Verkauf anbieten. Dabei soll die verfügbare Fläche optimal genutzt werden. Das Produkt «Vernazza» beansprucht 0.5 m² Verkaufsfläche pro Stück, das Produkt Siena beansprucht 0.9 m² Verkaufsfläche pro Stück. Für Preise und Kosten gelten die Angaben unter Punkt 2.

Welches der beiden Produkte müsste Hediger Gartenbau AG im Verkauf favorisieren, wenn ein möglichst hoher Deckungsbeitrag erzielt werden soll und von einer hohen Nachfrage ausgegangen wird? Begründen Sie Ihre Antwort mit Fakten.

Hediger Gartenbau AG geht davon aus, dass die verfügbare Verkaufsfläche während der zwei Tage insgesamt dreimal vollständig umgeschlagen werden kann. Das heisst: Die Verkaufsfläche kann dreimal vollständig mit den gewählten Produkten bestückt werden, die dann auch vollständig verkauft werden können.

Welche gesamten Deckungsbeiträge würden sich in den zwei Tagen ergeben, wenn

a) nur Produkt «Vernazza» angeboten würde?

b) nur Produkt «Siena» angeboten würde?

Ihre Berechnungen müssen nachvollziehbar sein, Resultat in ganzen CHF darstellen.

Spezialthemen der Kosten- und Leistungsrechnung

Aufgabe **11.01** **Materialkostenträger (Firma Belcolor)**

Das Unternehmen **Belcolor** stellt Plastikbecher und Plastikteller aus dem gleichen Granulat her. Das Granulat (Rohmaterial) wird über einen zentralen Tank an die Verarbeitungsstelle geleitet. Bei der Versorgung des Tanks kann der Produktekostenträger (Becher oder Teller) nicht bestimmt werden, weshalb bei der Beschickung das Konto «Granulat in Arbeit» belastet wird. Der Bezug ab dem Tank (Konto «Granulat in Arbeit») erfolgt retrograd, indem die anteiligen Rohmaterialkosten über die Rezeptur den beiden Kostenträgern «Becher» und «Teller» zugerechnet werden.

1. Rezeptur

Produkt	Gewicht Granulat pro 1000 Stück
Becher	2,5 kg
Teller	4,0 kg

2. Materialwirtschaft

Eingesetzte Kilos	7500 Kilo
Verrechnungspreis pro Kilo Granulat	CHF 2.–

3. Betriebsdaten

Produkt		Stück	Maschinenstunden pro 1000 Stück
Gefertigte Stückzahlen:	Becher	1 200 000	0,2 Std. (12 Min.)
	Teller	1 000 000	0,3 Std. (18 Min.)

Da keine Maschinenzeiterfassung (Ist-Zeit) existiert, werden die Stunden gemäss den Vorgabezeiten ermittelt (siehe Betriebsdaten) und mit einem Kostensatz von CHF 20.– pro Stunde verrechnet.

4. Aufgabe

Buchen Sie auf nachstehenden Konten

– den Materialbezug

– die Belastung des Materialkostenträgers mit 10% Materialgemeinkosten vom Granulateinsatz

– die Entlastung des Materialkostenträgers mit dem aus der Rezeptur gerechneten Materialverbrauch zu Materialselbstkosten (Einstandswert plus Materialgemeinkosten)

– die Entlastung der Fertigungsstelle aufgrund der gerechneten Vorgabestunden

Rohmaterial	Materialstelle	Fertigungsstelle

Granulat in Arbeit	Fertigerzeugnisse Becher	Fertigerzeugnisse Teller

Berechnungen und Lösungshinweise:

Kalkulation: Wie hoch sind die Herstellkosten für 1000 Becher und 1000 Teller?

Kalkulation

Aufgabe 11.02 Mehrstufige Fertigung mit Ist-Kostenrechnung (Besteck AG)

1. Produktionsablauf

In einem Fertigungsbetrieb für Besteck werden in der Kostenstelle «Messerfertigung» die Messerrohlinge aus Stahl hergestellt und anschliessend an ein Zwischenlager gelegt. Ab diesem Zwischenlager erfolgt die weitere Verarbeitung in den beiden Kostenstellen «Versilberei» und «Vergolderei». Entsprechend den beiden Veredelungsarten erfolgt die Zuführung der Rohmaterialien «Silber» und «Gold». Da die Durchlaufzeit in den beiden Veredelungsstellen sehr kurz ist, wird auf die Führung der Halberzeugnisse verzichtet. Die Bezüge und Bestandesänderungen an Fertigerzeugnissen werden zu durchschnittlichen Herstellkosten bewertet.

2. Ausgangslage

Auf dem Betriebsabrechnungsbogen der Firma **Besteck AG** am Aufgabenende sind die Gemeinkosten bereits auf die Kostenstellen umgelegt. Die Gemeinkostenverrechnung erfolgt zu Ist-Vollkosten.

3. Aufgabenstellung

Erstellen Sie eine Betriebsabrechnung auf dem nachstehenden BAB. Unter den Berechnungen und Lösungshinweisen werden Sie im Vorgehen angeleitet.

4. Produktionsdaten

a) Rohmaterialbezüge

Gemäss Materialbezugsscheinen wurden folgende Rohmaterialien bezogen:

Stahl	TCHF	100
Silber	TCHF	40
Gold	TCHF	20
Total	TCHF	160

b) Materialstelle

Die Materialstelle wird im Verhältnis zu den Rohmaterialbezügen abgedeckt, mit folgenden Äquivalenzziffern:

Stahl	1.0
Silber	1.5
Gold	2.0

c) Kostenstellen «Messerfertigung», «Versilberei», «Vergolderei»

Gemäss Produktionsablauf

d) Kostenträgerrechnung

Bewertung aufgrund der Durchschnittskosten.

Bestandeszunahme Unfertige Erzeugnisse Messer TCHF 20
Fertig produzierte Messerrohlinge 100 000 Stück

Bezug   90 000 Stück für versilberte Messer
Bezug   5 000 Stück für vergoldete Messer

Verkauf   82 000 Stück versilberte Messer
Verkauf   6 000 Stück vergoldete Messer

e) Verwaltungskosten

Die Verwaltungskosten werden im Verhältnis zu den Herstellkosten der verkauften Erzeugnisse verteilt.

5. Verkaufserlös

Versilberte Messer	TCHF	310
Vergoldete Messer	TCHF	70
Total	**TCHF**	**380**

6. Berechnungen und Lösungshinweise

a) Verarbeiten Sie die Rohmaterialbezüge gemäss Produktionsbeschreibung.

b) Stellen Sie hier die Verteilung der Materialgemeinkosten dar.

c) Verarbeiten Sie die Kostenstellen «Messerfertigung», «Versilberei» und «Vergolderei» gemäss Produktionsablauf.

d) Stellen Sie hier die Kostenträger «Unfertige Erzeugnisse Messer», «Fertigerzeugnisse versilberte Messer» und «Fertigerzeugnisse vergoldete Messer» dar.

Messerrohlinge:	TCHF	Stück
Total Unfertige Erzeugnisse gemäss BAB		
Bestandeszunahme		
Fertig produzierte Messerrohlinge		
Bezug für versilberte Messer à CHF?*		
Bezug für vergoldete Messer à CHF?*		
Bestandeszunahme Messerrohlinge		

Versilberte Messer:	TCHF	Stück
HK versilberte Messer Produktion (ein) = CHF?*		
HK versilberte Messer Verkauf (aus) à CHF?*		
Bestandeszunahme versilberte Messer à CHF?*		

Vergoldete Messer:	TCHF	Stück
HK vergoldete Messer Produktion (ein) = CHF?*		
HK vergoldete Messer Verkauf (aus) à CHF?*		
Bestandesabnahme vergoldete Messer à CHF?*		

e) Stellen Sie hier die Verteilung der Verwaltungskosten dar.

*) HK pro Stück müssen durch Sie ermittelt werden.

Kostenarten	Kostenstellen						Kostenträger					
Text	Total Kosten	Mat.-Stelle	Messer-fertigung	Ver-silberei	Ver-golderei	Verwal-tungs-kosten	Unfertige Messer	Fertigerz. Messer	Fertigerz. versilb. Messer	Fertigerz. vergold. Messer	Verkauf versilb. Messer	Verkauf vergold. Messer
Rohstoffe	160											
Lohn	139	10	80	24	5	20						
Unterhaltskosten	16	0	10	4	2	0						
Abschreibungen	34	5	12	8	2	7						
Zinsen	15	2	5	4	1	3						
Verwaltungskosten	41	3	3	4	1	30						
Umlage Material-GK												
Umlage Messerfert.												
Umlage Versilberei												
Umlage Vergolderei												
Fertige Messerrohlinge												
Bezug Messerrohlinge												
HK Verk. versilb. Messer												
HK Verk. vergold. Messer												
Umlage Verwaltungskosten												
Bestandesänderungen							0	0	0	0		
Selbstkosten												
Deckungsdifferenz												
Erlös												
Ist-Gewinn												

Aufgabe **11.03** **Mehrstufige Fertigung in Formularform (Quöllfrisch AG)**

Quöllfrisch AG ist bekannt für die aus natürlichen Zutaten gebrauten Biere. Zum Sortiment des Unternehmens gehören:

– Quöllfrisch Lagerbier
– Quöllfrisch Urtrüeb
– Quöllfrisch Panaché (Bier/Citro)

Das Unternehmen führt eine Betriebsabrechnung zu Normal-Vollkosten und ist dabei, den Rechnungsabschluss für das erste Halbjahr 20_4 zu erstellen.

1. Darstellung und Beschreibung des Produktionsprozesses

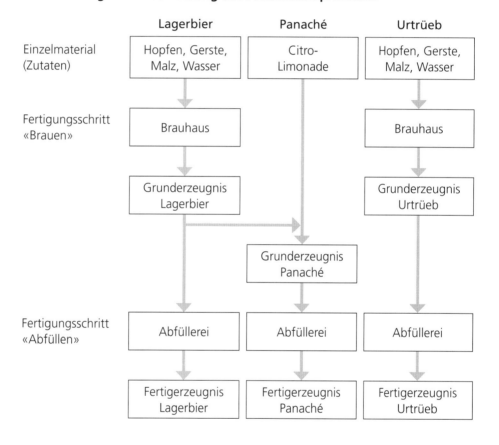

– Einzelmaterial (Zutaten) wird durch die Kostenstelle «Materialwirtschaft» beschafft.
– Die beiden Biersorten werden im Brauhaus produziert und für die Abfüllung bereitgestellt (HK Produktion I).
– Ein Teil des Lagerbiers wird für die Abfüllung von «Panaché» verwendet, die restliche Menge wird direkt abgefüllt (HK Produktion II).
– Die Biersorte «Urtrüeb» wird nach dem Brauvorgang (HK Produktion I) direkt abgefüllt (HK Produktion II).
– Für das Erzeugnis «Panaché» wird Citro-Limonade extern eingekauft. Beim Produktionsvorgang werden Lagerbier (Anteil 60 %) und Citro (Anteil 40 %) gemischt und direkt abgefüllt (HK Produktion II).

2. Hinweise zur Betriebsabrechnung und Kalkulation

a) Kostensätze und Kalkulationsgrundlagen

Die Angaben zur Abrechnung der Kostenstellen sind auf den Objekten der Betriebsabrechnung sowie in den nachfolgenden Hinweisen ersichtlich.

Aus der Vorkalkulation liegen die folgenden Werte in CHF vor. Bei der Abrechnung der abgefüllten und verkauften Mengen sowie bei der Verrechnung für die Panaché-Produktion sind diese Ansätze zu verwenden.

Kalkulation für 1000 Liter	Lagerbier	Urtrüeb	Panaché
HK Produktion I	900	1008	
HK Produktion II	1180	1288	1060
Selbstkosten	1630	1738	1510

b) Produktionsdaten

Es wurden folgende Mengen abgefüllt und ans Fertiglager geliefert:

- Lagerbier: 600 000 Liter
- Urtrüeb: 500 000 Liter
- Panaché: 750 000 Liter

Bei «Urtrüeb» und «Panaché» entspricht die produzierte Menge auch der abgefüllten Menge. Für «Lagerbier» wurde genau die Menge produziert, die für Direktabfüllung und Weiterverarbeitung benötigt wurde. Die gesamte Produktionsmenge für Lagerbier muss durch Sie ermittelt werden.

Bei unfertigen Erzeugnissen (Kostenträger «Produktion») sind keine Bestandesänderungen zu berücksichtigen. Hingegen kann bei der Abrechnung ein Saldo entstehen, der als «Produktionsdifferenz» bezeichnet wird.

c) Materialverbrauch

Die Materialbezüge für die Produktion von Lagerbier betrugen TCHF 560 und für die Produktion von Urtrüeb TCHF 290. Die Einzelmaterialkosten für Panaché müssen durch Rückrechnung ermittelt und eingesetzt werden. Hinweis: der Einstandspreis für 1 Liter Citro-Limonade beträgt CHF 0.50.

Die Bestände an Einzelmaterial betrugen zu betriebswirtschaftlichen Werten

am 1. Januar: TCHF 574
am 30. Juni: TCHF 466

Die Finanzbuchhaltung bewertet Vorräte an Einzelmaterial zu $\frac{2}{3}$ und hat die entsprechenden Bestandesänderungen im Abschluss gebucht.

d) Verkaufsdaten und Änderungen Fertiglagerbestände

Es wurden folgende Mengen verkauft:

- Lagerbier: 650 000 Liter
- Urtrüeb: 500 000 Liter
- Panaché: 750 000 Liter

Die Verkaufserlöse sind auf den Kostenträgern bereits ausgewiesen.

Die entstehenden Bestandesänderungen sind zu verbuchen.

Die Finanzbuchhaltung hat über das Konto «Bestandesänderungen Erzeugnisse» stille Reserven im Umfang TCHF 17 aufgelöst.

3. Ihre Aufgaben

Stellen Sie den Wertefluss in der nachstehenden Betriebsabrechnung vollständig und buchhalterisch korrekt dar. Beim Kostenträger «Produktion Panaché» sind die offenen Textzeilen korrekt zu beschriften. Darstellung und runden: auf ganze TCHF.

Beantworten Sie dann die Zusatzfragen.

Sachliche Abgrenzung Einzelmaterial	
Aufwand Fibu	
Kosten Bebu	
Saldo	

Sachliche Abgrenzung Bestandesänderungen	
Bestandesänderungen Bebu	
Bestandesänderungen Fibu	
Saldo	

Kostenstelle «Materialwirtschaft» Abrechnung in % Einzelmaterial:	20 %
Angerechnete Kosten	204
Verrechnete Kosten	
Abweichung	

Kostenstelle «Brauhaus» Abrechnung pro Liter: *	
Angerechnete Kosten	482
Verrechnete Kosten	
Abweichung	

*für Lager: CHF 0.30, für Urtrüeb: CHF 0.36

Kostenstelle «Abfüllerei» Abrechnung pro Liter:	CHF 0.28
Angerechnete Kosten	509
Verrechnete Kosten	
Abweichung	

Kostenstelle «WGK» Abrechnung pro Liter:	CHF 0.45
Angerechnete Kosten	861
Verrechnete Kosten	
Abweichung	

Produktion Lagerbier

Einzelmaterial	
Material-GK	
Brauhaus	
= Herstellkosten Produktion I	
Verrechnete HK Prod. Panaché	
Abfüllerei	
= Herstellkosten Produktion II	
Verrechnete HK Direktabfüllung	
Saldo (Produktionsdifferenzen)	

Produktion Urtrüeb

Einzelmaterial	
Material-GK	
Brauhaus	
= Herstellkosten Produktion I	
Abfüllerei	
= Herstellkosten Produktion II	
Verrechnete HK Direktabfüllung	
Saldo (Produktionsdifferenzen)	

Produktion Panaché

= Herstellkosten Produktion II	
Verrechnete HK Direktabfüllung	
Saldo (Produktionsdifferenzen)	

Erzeugnisse Lagerbier	
HK abgelieferte Direktabfüllung	
HK verkaufte Direktabfüllung	
Bestandesänderung	
Saldo	0

Verkauf Lagerbier	
HK verkaufte Direktabfüllung	
VVGK	
Verkaufserlöse	−1161
Betriebsergebnis	

Erzeugnisse Urtrüeb	
HK abgelieferte Direktabfüllung	
HK verkaufte Direktabfüllung	
Bestandesänderung	
Saldo	0

Verkauf Urtrüeb	
HK verkaufte Direktabfüllung	
VVGK	
Verkaufserlöse	−847
Betriebsergebnis	

Erzeugnisse Panaché	
HK abgelieferte Direktabfüllung	
HK verkaufte Direktabfüllung	
Bestandesänderung	
Saldo	0

Verkauf Panaché	
HK verkaufte Direktabfüllung	
VVGK	
Verkaufserlöse	−1343
Betriebsergebnis	

Zusatzfragen

Ist auf Kostenstelle «Brauhaus» eine Unterdeckung oder eine Überdeckung entstanden?

Nach welchen zwei Ursachen kann die Deckungsdifferenz einer Kostenstelle weiter unterteilt werden?

–

–

Quöllfrisch führt eine Materialbuchhaltung. Nach welchen Verfahren kann der Materialverbrauch grundsätzlich bewertet werden? Nennen Sie drei Verfahren.

1)

2)

3)

Nennen Sie eine mögliche Ursache, die zu Produktionsdifferenzen führen kann.

Aufgabe **11.04** **Bestandesänderungen und Verrechnungspreis (Stock AG)**

1. Ausgangslage

Die **Stock AG** führt eine Lagerbuchhaltung unter Anwendung der Verrechnungspreismethode. Warenlieferungen und Eingangsrechnungen werden jeweils gegen ein so genanntes «WE/RE-Konto» (Wareneingang/Rechnungseingang) gebucht, Preisdifferenzen werden bei Erfassung der Eingangsrechnung sofort verbucht. Das Rohmaterial «Granulat Q» wird in Kilo zum Verrechnungspreis von CHF 2.–/kg eingelagert.

2. Grundsätze der Buchführung

Die Finanzbuchhaltung bewertet in der Handelsbilanz HB 1 alle Bestände zu ⅔ vom Einstandspreis respektive von den Herstellkosten. Am Abschlusstag noch offene Rechnungen sind gemäss Auftragsbestätigung zu bewerten.

3. Aufgabenstellung

Ermitteln Sie die Buchungssätze und verbuchen Sie diese auf den Konten der Finanzbuchhaltung und der Betriebsbuchhaltung. Bei den Buchungen auf die Objekte ist immer die Primärkostenarten-Nr. (**1**) anzugeben. Sekundärumlagen werden mit Kostenart «SK» vorgenommen. Folgende Ereignisse sind zu buchen:

– Warenlieferung   Lieferschein 1:   9000 kg

– Kreditorenrechnung zu Lieferschein 1:   CHF 18 900.–

– Warenlieferung   Lieferschein 2:   1000 kg

Im Abschlusszeitpunkt ist die Kreditorenrechnung zu Lieferung 2 noch nicht eingetroffen. Die Auftragsbestätigung des Lieferanten zeigt einen Wert von CHF 1950.–.

Da beim Bezug des Rohmaterials in die Produktionssilos dessen Verwendung noch nicht klar ist, wird der Bezug auf den Kostenträger «Material in Arbeit» belastet. Diesem Kostenträger wird auch die Leistung der Materialstelle belastet. Dazu sind für die Abrechnungsperiode folgende Daten erfasst:

– Materialbezugsschein Nr. 37   8000 kg

– Leistung der Materialstelle   10 % der Rohmaterialbezüge

Das Granulat wird in der Produktion zu den Erzeugnissen «Box S» und «Box L» verarbeitet, wobei je produzierte Einheit 1,5 kg Rohmaterial anfällt. Ab Kostenträger «Material in Arbeit» wurden folgende Produktionsaufträge bedient:

– Fertigungsauftrag Nr. 98   3000 Stück «Box S»

– Fertigungsauftrag Nr. 99   2000 Stück «Box L»

Der verbleibende Saldo auf Kostenträger «Material in Arbeit» stellt die Bestandesänderung dar.

Finanzbuchhaltung

Rohmaterialbestand 1	Bestand Material in Arbeit 2	Kreditoren 3	WE/RE-Konto 4
AB 5 000			

Rohmaterialaufwand 5	Preisdifferenzen 6	Bestandesänderung Material in Arbeit 7

Betriebsbuchhaltung

	SA Rohmaterial		SA Preisdifferenzen		SA Material in Arbeit

	Materialstelle (MGK)		KTR Material in Arbeit

	Unfertige Erz. Box S		Unfertige Erz. Box L

Buchungsjournal und Erläuterungen siehe Folgeseite.

	Text	Soll		Haben		
		Konto	Objekt	Konto	Objekt	CHF
a)	Lieferschein 1 = Wareneingang					
b)	Kreditorenrechnung zu LS 1					
c)	Preisdifferenz auf Lieferschein 1					
d)	Lieferschein 2 = Wareneingang					
e)	Bewertung LS 2 gem. Auftragsbes.					
f)	Materialbezug Nr. 37					
g)	Bestandesänderung Rohmaterial Unterbewertung zu HB 1 (33⅓% v. 4000)					
h)	Leistung der Materialstelle					
i)	Fertigungsauftrag Nr. 98					
j)	Fertigungsauftrag Nr. 99					
k)	Bestandesänderung Material in Arbeit nach True and Fair					
l)	Unterbewertung Bestand Material in Arbeit in HB 1 (33⅓%)					

Aufgabe **11.05** **Denksportaufgabe**

1. Angaben

- Material-GK   5 % der Einzelkosten
- Verwaltungs-GK   33⅓ % der Herstellkosten

- Die Finanzbuchhaltung bewertet den Rohmaterialbestand 25 % unter dem Einstand. In der Finanzbuchhaltung wurde eine Bestandsabnahme von TCHF 300 (Bewertung Finanzbuchhaltung) verbucht. Die Erzeugnisbestände werden ⅓ unterbewertet.

2. Aufgabe

Füllen Sie die entsprechenden Felder aus.

Kostenarten	Sachliche Abgrenzungen			Kostenstellen			Kostenträger		
Text	Auf-wand	SA	Kosten	Mat.-GK	Fert.-GK	VVGK	Erz. in Arb.	Fertige Erzeug.	Verk. Erzeug.
Einzelkosten			5100						
Gemeinkosten		– 200	7800						
Materialstelle									
Fertigungsstelle					– 4200				
HK Fertige Erzeugn.									
HK verk. Erzeugnisse									
Verwaltungsstelle						– 3300			
Bestandesänderung								BA 300	
Erlös									– 14000
Deckungsdifferenzen				– 5	+ 200				
Erfolg									

Berechnungen und Lösungsansatz

203

Aufgabe **11.06** **Behandlung von Leasing, Einfluss auf Kostensatz (Müntener AG)**

Die Müntener AG hat sich zu einem bedeutenden Anbieter im Fenster- und Türenbau entwickelt. Aufgrund der hohen Kapitalintensität des Geschäfts kommt der Behandlung von Zinsen und Abschreibungen in der betriebswirtschaftlichen Führung eine hohe Bedeutung zu.

Behandlung von Finanzierungsleasing

Müntener AG steht unter hohem Konkurrenzdruck, dem dank tadelloser Qualität bisher erfolgreich standgehalten werden konnte. Im laufenden Jahr ist bei der Müntener AG die Bearbeitung von Normteilen für Fenster oder Türen stark rationalisiert worden. Ein neues hoch automatisiertes Bearbeitungscenter wurde eingerichtet und dank Unterstützung der Gewerbebank durch eine Leasingfinanzierung ermöglicht. Neben der Herstellung von eigenen Normteilen sollen auf diesem Bearbeitungscenter künftig auch Fremdarbeiten für andere Firmen ausgeführt werden können.

Angaben zum Leasing

– Leasingdauer 5 Jahr (Zahlung in 60 monatlichen Leasingraten à CHF 16 633.33)
– Die Anlage wurde Anfang Geschäftsjahr 20_1 in Betrieb genommen und während 12 Monaten des Geschäftsjahres benutzt. Der entsprechende jährliche Leasingaufwand von CHF 199 600 ist bezahlt und verbucht worden.

Darstellung des Leasinggeschäfts bereinigen

Die Revisionsstelle empfiehlt, das Finanzierungsleasing in die Bilanz umzugliedern, Zinsen und Abschreibungen entsprechend den Kriterien in Finanz- und Betriebsbuchhaltung zu buchen und die Abrechnung für die Kostenstelle «Bearbeitung Normteile» entsprechend anzupassen.

Sie erhalten dazu folgende Angaben:

– Barwert des Bearbeitungs-Centers:	CHF 840 000
– Zinsanteil im bezahlten Leasingbetrag Jahr 20_1	CHF 54 200
– Amortisationsanteil im bezahlten Leasingbetrag	CHF 145 400
– Betriebswirtschaftliche Nutzungsdauer	8 Jahre, linear
– Abschreibung in der Finanzbuchhaltung	5 Jahre, linear
– Kalkulatorischer Zins auf dem halben Anschaffungswert:	8 %

Auszug aus den Stammdaten

Die aufgeführten Angaben sind zur Bereinigung und korrekten Verbuchung des Leasinggeschäfts zu verwenden.

Konten Finanzbuchhaltung		Kostenarten Betriebsbuchhaltung	
1000	Flüssige Mittel	S06	Kalkulatorische Zinsen
1510	Anlagen im Leasing	S07	Kalkulatorische Abschreibungen
1519	WB Anlagen im Leasing	**Objekte Betriebsbuchhaltung**	
2110	Leasingverbindlichkeiten	20	Kostenstelle «Bearbeitung Normteile»
6160	Leasingaufwand		
6800	Zinsaufwand	91	Sachl. Abgrenzung «Zinsen»
6900	Abschreibungsaufwand	92	Sachl. Abgrenzung «Abschreibungen»

Aufgabe 1

Berechnen Sie auf der Vorlage «Bearbeitung Normteile» am Aufgabenende den Stundensatz für die Kostenstelle «Bearbeitung Normteile» in der Kolonne «Ausgangslage/Ist-Situation» (2 Kommastellen). Es sind die Ist-Kosten des Jahres 20_1 aufgeführt in CHF.

Aufgabe 2

Erstellen Sie auf der Vorlage «Buchungssätze» am Aufgabenende die Buchungssätze zur Darstellung des Finanzierungsleasing nach «Umgliederung Leasing». Bestimmen Sie Konto- bzw. Sekundärkostenart, das notwendige Objekt der Betriebsbuchhaltung sowie den korrekten Betrag.

a) Verbuchen Sie den Barwert der Investition für das Bearbeitungscenter.

b) Stornieren Sie die Gesamtsumme der bisher verbuchten Zahlungen für die Leasingraten. Allfällige Abschlussgebühren können vernachlässigt werden.

c) Verbuchen Sie Amortisations- und Zinsanteil der geleisteten Zahlungen für die Leasingraten.

d) Buchen Sie die kalkulatorischen Zinsen.

e) Buchen Sie die Abschreibungen in Finanz- und Betriebsbuchhaltung.

Aufgabe 3

Erstellen Sie auf der Vorlage «Bearbeitung Normteile» in der Kolonne «Umgliederung Leasing» die Abrechnung für Kostenstelle «Bearbeitung Normteile» und berechnen Sie den Stundensatz auf 2 Kommastellen.

Aufgabe 4

Das Bearbeitungscenter wurde bisher täglich in einem 1½-Schichtbetrieb ausgelastet.

P. Müntener will die Auslastung auf 2 Schichten pro Tag erhöhen, womit sich die Anzahl produktiver Stunden auf 3750 erhöhen wird. Bei einem 2-Schichtbetrieb werden sich die Personalkosten um CHF 65 000 erhöhen, die übrigen Betriebskosten um CHF 18 000.

Simulieren Sie auf der Vorlage «Bearbeitung Normteile» in der Kolonne «Simulation höhere Auslastung» die Abrechnung der Kostenstelle «Bearbeitung Normteile» und berechnen Sie den Stundensatz auf 2 Kommastellen.

Aufgabe 5

Beantworten Sie folgende Fragen:

a) Wodurch wird der Stundensatz der Variante «Umgliederung Leasing» gegenüber der Variante «Ausgangslage» wesentlich beeinflusst?

b) Wird der Amortisationsanteil in den Leasingraten im zeitlichen Verlauf eher zunehmen oder eher abnehmen?

c) Wie erklären Sie einem Laien die Praxis, dass kalkulatorische Zinsen auf dem Anlagevermögen vom halben Anschaffungswert berechnet werden (warum vom halben Wert und nicht vom ganzen Wert)?

d) Wie stellt sich die sachliche Abgrenzung bei den Zinsen dar? Wie interpretieren Sie diese Abweichung?

e) Lohnt sich die Erhöhung der Auslastung auf dem Bearbeitungscenter trotz der zusätzlichen Personal- und Betriebskosten? Wenn ja, warum?

Vorlage «Bearbeitung Normteile»

Kostenstelle: 20 Bearbeitung Normteile　　　　　　**Zeitraum: Monate 1–12/20_1**

	Ausgangslage/ Ist-Situation	Umgliederung Leasing	Simulation höhere Auslastung
Personalkosten	242 000	242 000	
Leasingkosten	199 600	0	0
Übrige Betriebskosten	47 600	47 600	
Kalk. Abschreibungen	10 000		
Kalk. Zinsen	2 000		
Gesamtkosten	501 200		
Produktive Stunden	2 800	2 800	
Stundensatz CHF			

Vorlage «Buchungssätze»

Geschäftsfall	Soll		Haben		
	Konto (Kostenart)	Objekt	Konto (Kostenart)	Objekt	Betrag CHF
a) Barwert der Investition					
b) Storno verbuchte Leasingraten					
c) Amortisations-anteil					
Zinsanteil					
d) Kalkulatorischer Zins					
e) Abschreibungen Fibu					
Abschreibungen Bebu					